Envelhecimento, políticas sociais e NOVAS TECNOLOGIAS

Envelhecimento, políticas sociais e NOVAS TECNOLOGIAS

Clarice Ehlers Peixoto
Françoise Clavairolle

Família, Geração & Cultura

FGV
Editora

ISBN — 85-225-0489-X

Direitos desta edição reservados à
EDITORA FGV
Praia de Botafogo, 190 — 14º andar
22250-900 — Rio de Janeiro, RJ — Brasil
Tels.: 0800-21-7777 — 21-2559-5543
Fax: 21-2559-5532
e-mail: editora@fgv.br
web site: www.editora.fgv.br

Impresso no Brasil / *Printed in Brazil*

1ª edição — 2005

Coordenadoras da série: Clarice Ehlers Peixoto, Maria Luiza Heilborn, Myriam Lins de Barros

Revisão de originais: Ana Paula Machado dos Santos Dantas

Editoração eletrônica: FA Editoração Eletrônica

Revisão: Fatima Caroni e Mariflor Rocha

Capa: aspecto:design

Ilustração de capa: André Bethlem

Apoio: GREFAC Grupo de Estudos sobre a Família Contemporânea

Ficha catalográfica elaborada pela Biblioteca
Mario Henrique Simonsen/FGV

Peixoto, Clarice Ehlers
Envelhecimento, políticas sociais e novas tecnologias / Clarice Ehlers Peixoto, Francoise Clavairolle. — Rio de Janeiro : Editora FGV, 2005.
140 p. — (Família, geração e cultura)

Inclui bibliografia.

1. Velhice — Aspectos sociais — França. 2. França — Política social. 3. Envelhecimento. I. Clavairolle, Françoise. II. Fundação Getulio Vargas. III. Título. IV. Série.

CDD — 301.435

Para Marcelo e Paula

Sumário

Família, geração e cultura

As pesquisas sobre as práticas e comportamentos familiares nem sempre foram um objeto de estudo caro aos antropólogos, excetuando-se os tradicionais estudos de parentesco. Ainda que os fundadores do pensamento sociológico tenham se debruçado sobre o estudo da família e a tornaram um dos objetos a serem observados na amplitude das variações decorrentes das revoluções política e industrial, foi preciso esperar os anos 1960 para que os pensadores contemporâneos recomeçassem a se interessar pelas relações familiares. Paralelamente a isso, as teorias e os métodos evoluíram consideravelmente ao longo do século XX, o que muda muito nossa percepção dos fatos familiares e torna difícil detectar, ao mesmo tempo, qual a medida real dessa mudança.

Muito se discute sobre a "crise" da família, conseqüência da baixa taxa de fecundidade, do aumento da expectativa de vida e, conseqüentemente, da crescente proporção da população de mais de 60 anos, mas, também, do declínio da instituição do casamento e da espraiada aceitação social do divórcio. De fato, o que observamos não foi exatamente o enfraquecimento da instituição família, mas o surgimento de novos modelos familiares, derivados desses fenômenos sociais e, sobretudo, das transformações nas relações de gênero, que se exprimem através do maior controle da natalidade, da inserção intensiva da mulher no mercado de trabalho e das mudanças ocorridas na esfera da sexualidade, entre outros fatores. As relações entre família e sexualidade vêm sendo modificadas significativamente nas últimas décadas. De um lado, presenciamos um longo processo que tornou a conjugalidade um domínio relativamente autônomo da família, orientado por dinâmicas internas nas quais a sexualidade ocupa um lugar central. E, de outro, verificamos que o exercício da atividade sexual deixou de ser circunscrito à esfera do matrimônio. Essas mudanças redefinem os vínculos entre esses dois pólos; em nome da sexualidade (e do amor como ideologia) e da dinâmica societária que produz novos direitos ligados a tal esfera, tem origem o fenômeno das famílias homossexuais ou homoparentais. O cenário torna-se, assim, cada vez mais complexo.

Esta série tem o objetivo de divulgar trabalhos sobre família, geração e cultura contemporânea, de forma a incentivar debates e pesquisas cuja tônica seja esta temática, pois acreditamos que o intercâmbio de experiências de pesquisa elaboradas em contextos socioculturais diversos enriquecerá a reflexão socioantropológica sobre as relações familiares no Brasil.

Clarice Ehlers Peixoto
Maria Luiza Heilborn
Myriam Lins de Barros

Prefácio

A procura do ponto justo, tão desideologizado quanto possível, corresponde à mais séria proposta das ciências sociais: nem discurso protetor ou miserabilista, nem discurso facilitador, populista, sobre as populações ou segmentos sociais objeto de estudo e avaliação. A riqueza emocional humana — tanto do ator individual quanto do coletivo — comporta abundantes contradições: pode refazer-se a cada grande evento, tanto quanto reelaborar-se a cada fase existencial vivida. Não raro, segundo uma lógica que não satisfaz a interesses externos, sejam econômicos ou políticos, sejam burocráticos ou programáticos.

O contato direto com a realidade e a interpretação justa dos dados são a grande contribuição técnica e humana da pesquisa científica. O que, no caso desta obra de Clarice E. Peixoto e Françoise Clavairolle, fica plenamente alcançado, quando apresentam o resultado de estudo empreendido sobre o lugar que as novas tecnologias ou objetos tecnológicos ocupam, ou podem ocupar, na vida das pessoas idosas na França; país onde — ao contrário do Brasil — realmente existem políticas sociais direcionadas aos idosos.

E um primeiro desvendamento centra-se exatamente na complexa relação entre políticas sociais, incentivos à autonomia e construção de uma nova imagem de idoso: sênior, aposentado, com renda própria e tempo livre, pronto para consumir serviços e objetos tecnológicos.

Em um estudo de caso — sempre oportunidade metodológica privilegiada de aprofundamento de observação — no município de Verrières-Le-Buisson, na região parisiense, os idosos são analisados em suas representações e em seu cotidiano, em contato, utilização ou recusa de vários desses objetos tecnológicos. Não são nem coitadinhos, incapazes de assimilar inovações, nem triunfantemente "nova terceira idade". Simplesmente personagens humanos do cotidiano, postos diante de possibilidades da adoção, ou não, de "ferramentas" que possam atender às suas necessidades, ou então que lhes pareçam inúteis no dia-a-dia. Pessoas com discernimento. Ao mesmo tempo, em variados graus e fundamentos quanto a este: diferenciados conforme seu sexo/gênero e extração social, em efeitos de idade. E assim são analisados. Um achado aparentemente simples, daquela "difícil simplicidade" que se afasta da conhecida avaliação preconceituosa de que o novo não interessa ou está fora do alcance do idoso.

Ao mesmo tempo, as autoras chegam a importante e aguda percepção adicional: os objetos técnicos, além de conhecidos meios de facilitação da vida cotidiana, adquirem outras significações; tornam-se, alguns, recursos para preservação de vínculos sociais para os idosos, com o exemplo flagrante da secretária eletrônica e da internet, e até, acompanhando a tendência atual de extensão da sociabilidade dos idosos, "vetor de uma sociabilidade que ultrapassa amplamente o quadro familiar" como o vídeo, em sessões coletivas e cineclubes.

Por outro lado, outros objetos ou processos técnicos podem ser recusados pelos idosos, em um movimento contrário, porque iriam restringir as suas relações, a exemplo do congelamento de alimentos, que os afasta dos encontros habituais nas compras diárias no mercado, ou os cartões eletrônicos, que substituem o contato vivo com funcionários do banco.

Por fim, o uso dos objetos tecnológicos é percebido como constituindo também estratégias ou meios de reafirmação identitária.

Além dessas ricas conclusões centrais ao tema da pesquisa, há, ainda, questões teóricas importantes, assinaladas ao longo deste livro, que merecem comentário e marcam pontos para posterior desenvolvimento. Primeiro, as ainda relativamente pouco trabalhadas relações de família dos idosos, especialmente as que se dão do ponto de vista das gerações. Novamente aqui é alcançado o ponto justo no que se refere ao papel que a família tem no incentivo, introdução ou aprovação/reprovação ao uso dos produtos tecnológicos pelos seus idosos. A família constitui estímulo importante, mas a última palavra quanto a sugestões de utilização ou uso de presentes tecnológicos é, novamente, dos idosos. Afirmam as autoras: "o papel indutor atribuído às gerações posteriores não significa passividade por parte das pessoas de mais idade, pois elas decidirão sempre se utilizarão ou não. Algumas pessoas entrevistadas abandonaram eletrodomésticos de última geração que lhes foram ofertados por julgarem que eram supérfluos ou não apropriados às suas necessidades".

Questão também importante, que se vai delineando no desenrolar da exposição, refere-se aos traços e comportamentos diferenciados que já são observados, fragmentária ou cotidianamente, em relação a uma categorização geracional diferenciada entre os idosos, que aqui é com muita propriedade enunciada: "comportamentos diferenciados segundo o grupo etário, no interior da categoria 'velho' ou 'idoso'". Por exemplo: "A sra. Marie se aproxima dos 90 anos e (...) o sr. Roger ainda não completou 65. A sra. Marie declara ter 'tudo' dos novos produtos, mas reconhece o seu avançar na idade; enquanto o sr. Roger quer 'experimentar tudo', em compasso com o gosto juvenil, 'para não passar por velho'".

Reflexão e categorizações são, realmente, importantes. A que efeito de geração estamos aludindo, por exemplo, quando falamos "velho" ou "idoso"?

Pelos desvendamentos e para não fugir ao já conhecido interesse pela comparação entre grupos e sociedades, ficamos na expectativa de ter, em breve, pesquisa semelhante de Clarice Peixoto no Brasil.

Alda Britto da Motta

Introdução

No imaginário social contemporâneo, as novas tecnologias são sistematicamente associadas à juventude, dando a impressão de que somente os jovens são competentes para lidar com o universo tecnológico. O que leva a sociedade a considerar que as pessoas de idade avançada são refratárias às inovações tecnológicas, seja por questões econômicas ou por dificuldades de uso? Será que a exclusão das pessoas envelhecidas do universo das novas tecnologias resulta de uma percepção de que elas não são parte constitutiva? Será que os valores que lhes são atribuídos, vinculados ao universo da juventude, são opostos aos valores que caracterizam o envelhecimento? Sabemos, de antemão, que os valores que acompanham as novas tecnologias raramente estão associados a uma visão de mundo onde cada indivíduo teria o seu lugar; onde a experiência, a maturidade, a memória e a própria história não cederiam, facilmente, lugar às percepções construídas pelas tecnologias da comunicação e da informação. Ao interrogar sobre os estereótipos que identificam a "rejeição" das pessoas de idade às técnicas inovadoras e/ou sua suposta "incompatibilidade", procuramos investigar seu nível de "autonomia" e de "dependência" e sua capacidade para mudar comportamentos em face das tecnologias disponibilizadas nos espaços público e privado.[1]

---

[1] É preciso não confundir "dependência" e "perda progressiva de autonomia", pois os problemas físicos não impedem que se continue a decidir por si mesmo.

Neste livro, procuramos analisar como as pessoas envelhecidas se comportam diante das tecnologias e, principalmente, perceber como o processo de envelhecimento se relaciona com a inovação tecnológica. Compreender as interações entre os usuários de idade avançada e os produtos técnicos é explicar um conjunto de práticas e de mediações nas quais a família desempenha um papel fundamental. Assim, examinar a maneira como as pessoas envelhecidas utilizam as tecnologias da vida cotidiana é refletir sobre a contribuição destas tecnologias aos processos de construções identitárias. O estudo das diversas situações revela como as configurações que associam os dispositivos institucionais e técnicos aos grupos de usuários produzem designações para os indivíduos: autônomos ou deficientes ou dependentes.

Três campos de interrogação perpassam nossa análise: as políticas e serviços sociais para a velhice ligados às novas tecnologias; os usos e representações das pessoas de idade sobre os objetos técnicos; e o lugar da pessoa envelhecida na oferta técnica. Para entender melhor as interações entre processo de envelhecimento e novas tecnologias, realizamos um estudo de caso em um território bem delimitado: o município de Verrières-Le-Buisson,[2] situado na região parisiense.[3] Tais interações constituem uma rede de relações bastante heterogênea entre as pessoas envelhecidas, a gama de novas tecnologias às quais elas são confrontadas no cotidiano, os organismos que disponibilizam essas tecnologias (serviços sociais locais), os profissionais (criadores e prestadores de serviço) e a família, que concretizam e formalizam as interações. Trata-se de entender os comportamentos desses diversos atores e de mostrar, através da construção de uma rede social e técnica, como eles mesmos se definem.

---

2 Justificativas dessa escolha encontram-se no capítulo 2.

3 A pesquisa foi realizada em 1999, no âmbito do laboratório Techniques et Cultures do Centre Nacional de la Recherche Scientifique (CNRS), para o Programa Evoluções Tecnológicas, Dinâmica das Idades e Envelhecimento Populacional, do Ministère de L'Emploi et de la Solidarité (Drees/MiRe) e da Caisse Nationale d'Assurance Vieillesse (CNAV). A autora agradece a essas instituições pelas dotações recebidas para a realização da pesquisa, bem como à Capes pela bolsa de pós-doutoramento concedida. Agradece, ainda, ao Departamento de Ciências Sociais da Universidade do Rio de Janeiro (Uerj), que proporcionou a possibilidade de desenvolver a pesquisa na França.

A introdução de uma nova tecnologia depende tanto do que é ofertado e das condições da proposta, quanto da sua aceitação ou mesmo da sua demanda. Nesta perspectiva, as pessoas de mais idade são percebidas como atores que elaboram estratégias de utilização ou de recusa da inovação técnica, não se deixando pressionar e impressionar pela evolução tecnológica da sociedade a que pertencem. Não podemos esquecer que as "inovações tecnológicas" não aparecem em bloco, mas em objetos ou serviços específicos, e que é este objeto ou serviço que vai seduzir ou não, provocar interesse ou hostilidade, apresentar ou não uma utilidade. Sem esquecer, de um lado, os efeitos físicos do envelhecimento e, de outro, os diferentes contextos de socialização das gerações, partimos da idéia de que as pessoas envelhecidas podem ter suas razões para adquirir/utilizar (ou não) tal tecnologia recente. Estas são as questões que abordaremos no último capítulo.

Os dois primeiros capítulos do livro tratam das políticas sociais da velhice implantadas na França ao longo do século XX, em torno do princípio fundamental de eliminar o asilamento e acabar com a pobreza dos velhos franceses através de ações de integração social e da melhoria de suas condições de vida. Surgem, assim, as concepções de proteção social e serviços coletivos que levam a intervenções sociais na coletividade, através de um conjunto de políticas criadas pelos poderes públicos (nacional, departamental e municipal): primeiro, para transformar as condições de vida dos operários e, em seguida, a dos assalariados.

O conhecimento das políticas sociais francesas voltadas para a velhice — desde a criação das primeiras leis até as recentes reformas do sistema geral de aposentadorias implantadas pelo novo governo liberal[4] — é muito importante para a compreensão do mundo atual e, principalmente, para conscientização de que o Brasil ainda tem um

[4] As novas propostas liberais, que atingem a base das políticas sociais criadas na formulação do Estado-providência, fizeram ressurgir, com força total, os movimentos sociais em todo o território francês.

longo caminho a percorrer para a criação de um sistema de proteção social semelhante ao Estado-providência francês. Pois ele ainda guarda os princípios fundamentais da proteção social, apesar da sua nova modalidade liberal.

Embora este livro não aborde o processo de envelhecimento da população brasileira e tampouco suas relações com as novas tecnologias, ele fornece pistas de reflexão aos pesquisadores, planejadores e mediadores sociais, tanto sobre a interface dos campos do envelhecimento da população e dos modos de vida das pessoas envelhecidas, quanto sobre a "modernidade" e a difusão de tecnologias na vida cotidiana, inclusive no domínio dos serviços propostos para as pessoas de 60 anos e mais: campos de estudo bastante desenvolvidos na França e promissores no Brasil.

1. Políticas sociais da velhice: o caso francês

As políticas sociais e o dispositivo gerontológico

Ainda que na França um dos primeiros sistemas de aposentadoria tenha sido criado no século XVII, para os oficiais da Marinha Real, a formalização da problemática da velhice só apareceu no século XIX, quando foram criados sistemas de aposentadoria controlados pelo Estado, como a Caixa de Aposentadoria para a Velhice (1850) e um sistema unificado de pensões para todos os funcionários públicos (1853). Mas a construção da velhice como problema social só se inscreve na política francesa com o desenvolvimento do trabalho assalariado e a industrialização e, principalmente, com os movimentos operários do final do século XIX, que reclamavam soluções contra a pobreza das pessoas já muito velhas para trabalhar. Na passagem do século, surgiram vários sistemas de aposentadoria para diversos setores de atividade e, principalmente, a lei de 1910 que criou um regime de aposentadoria para operários e camponeses. Em 1930, a lei de seguridade social passou a prever cotizações baixas para os trabalhadores que recebiam modesta remuneração e uma pensão integral após 30 anos de cotização.[5] Esta lei semeia a idéia de um seguro para

[5] Caradec, 2001.

a velhice, tanto no movimento operário quanto no setor patronal. Até então, a velhice era percebida como um risco, do mesmo modo que a invalidez e os acidentes de trabalho, e estes sistemas eram principalmente "destinados a lutar contra a pobreza, versando pensões mínimas e cobrindo somente os assalariados, cujos rendimentos eram inferiores a um teto mínimo", como afirma Palier (2003:14) e é possível verificar no quadro 1.

Quadro 1
Diferentes formas de ajuda social*

Benefícios	Descrição
Médicos	❑ Assistência médico-hospitalar, ajuda domiciliar (enfermagem e tarefas domésticas), auxílio-doença e demais auxílios (maternidade, acidente de trabalho etc.), reembolso de medicamentos.
Aos idosos	❑ Amparo assistencial ao idoso: pensão vitalícia, ajuda domiciliar para tarefas domésticas, distribuição de refeições ("quentinhas") em domicílio. ❑ Serviços de higiene e enfermagem em domicílio. ❑ Auxílio à moradia: para complementação do aluguel, para residência em casas de aposentadorias ou em casas de repouso.
À infância	❑ Apoio às famílias: ajuda financeira do serviço social (pensão) para a infância; ❑ Substituição da família: internato em estabelecimentos sociais para jovens e crianças ou colocação em famílias substitutas. ❑ Ações de prevenção e educação.
Aos incapacitados	❑ Pensão e benefícios compensatórios: financiamento de estruturas especiais para moradia.
À moradia e à readaptação social	❑ Benefícios e auxílios para readaptação social em centros especializados.

Fonte: Join-Lambert et al., 1997.

* A lógica da ajuda social é inversa à da seguridade, pois "ela 'recobre todas as formas de ajuda que as coletividades públicas atribuem às pessoas que estão em situação de necessidade', enquanto a seguridade social, em princípio, 'repousa na idéia de que uma certa garantia deve ser acordada àquele que fez um esforço em previdência para cobrir determinados riscos'". Ajuda social é um direito individual e não universal, um serviço público financiado por impostos, ou seja, fundado na solidariedade nacional (Alfanfari, apud Join-Lambert, et al., 1997:411).

Após a II Guerra Mundial (em 1945), a França instituiu o regime geral da seguridade social que compreendia um sistema de aposentadorias para todos os assalariados do setor privado (indústria e comércio). As demais categorias profissionais preferiram manter seu antigo sistema de proteção social bem mais generoso, como o dos funcionários públicos, ou criar um regime específico com taxas de cotização mais baixas, como os agricultores, profissionais liberais e autônomos. Já os profissionais de nível superior (*cadres*/executivos) do setor privado criaram, em 1947, um regime de complementação para contrabalançar a pensão de aposentadoria do regime geral, a seu ver, muito modesta. Assim, duas grandes tendências marcaram o sistema francês de aposentadoria, no final da II Guerra Mundial, como aponta Join-Lambert e colaboradores (1997:458):

- a necessidade de criar políticas sociais para minimizar a pobreza das pessoas envelhecidas;
- o desenvolvimento de regimes diferenciados para as três grandes categorias da população ativa que eram os assalariados do setor privado, os assalariados do setor público e os não-assalariados.

Organização da seguridade social em regimes

Os regimes têm duas acepções: concepção estatutária na qual os dispositivos regulamentares são aplicados a um só grupo de filiados, com direito a benefícios determinados; sentido orgânico no qual o conjunto dos benefícios é administrado por uma organização autônoma (de natureza mutualista), pois não tem o estatuto de estabelecimento público.

Sob qualquer forma jurídica, os regimes devem ter o nome de "caixa" ou "instituição" (raramente sociedade de seguros). Entre os regimes da seguridade social há uma distinção entre os regimes de base e os regimes complementares — estes complementam os benefícios pagos pelos primeiros —, e os regimes obrigatórios e não-obrigatórios. O regime geral é o mais importante de todos os obrigatórios, responsável por 57% de todos os benefícios pagos pelos regimes obrigatórios.

Foi, contudo, o Relatório da Comissão de Estudos dos Problemas da Velhice, de Pierre Laroque (1962), que de fato marcou o início da implementação das políticas gerontológicas que se opunham à lógica assistencial anterior e à segregação dos velhos. A finalidade principal era a inserção das pessoas de idade na sociedade através de medidas de prevenção e do adiamento da dependência causada pelo processo de envelhecimento, que onerava os custos de hospitalização, mantendo as pessoas de idade em suas próprias casas e em contato com as gerações mais jovens, evitando uma ruptura brusca nas suas condições de vida. Essa nova lógica de integração ampliava o campo preventivo da política social para toda a população com mais de 60 anos, e não somente para os indigentes e incapacitados. A criação de um sistema de assistência em domicílio e de serviços sociais para promover a sociabilidade das pessoas de idade formou as bases dessa nova política social da velhice, que objetivava, antes de tudo, manter as pessoas em seus domicílios, no seu ambiente familiar, propondo-lhes serviços e equipamentos coletivos que permitiam prevenir ou compensar a impossibilidade de executar as tarefas da vida cotidiana, adiando assim a entrada em instituições especializadas. Para os que não cotizaram o suficiente ao longo da vida profissional foi criado, em 1956, o "mínimo velhice" (renda mínima para maiores de 65 anos).[6]

Serviços para manutenção das pessoas de idade no domicílio[7]

Três serviços de benefício social passaram a ser oferecidos às pessoas de 60 anos e mais para que permaneçam em seus domicílios:

- *serviço de assistência domiciliar* (a partir dos anos 1960) — para pessoas de 65 anos e mais ou com incapacidade física, com dificuldade para realizar os atos da vida cotidiana. Financiado, basicamente, pelas caixas de aposentadoria, os

continua

[6] Ele é constituído por dois níveis: o 1º garante um mínimo anual igual ao montante do benefício aos velhos trabalhadores (€2.807,72 ou seja, €233,98/mês); o 2º nível é um benefício suplementar que permite atingir o mínimo velhice (€6.832,58/ano no máximo para uma pessoa e €12.257,01/ ano, no máximo, para casal).

[7] Join-Lambert, 1997.

Départements[8] e os municípios. As atendentes domiciliares[9] recebem formação para essa função — Certificado de Aptidão às Funções de Ajuda Domiciliar (Cafad);

- *serviço de assistência de enfermagem* (a partir dos anos 1980) — criado para permitir a manutenção no domicílio das pessoas semidependentes. Sob orientação médica, ele disponibiliza cuidados de enfermagem e higiene. Financiado pelo seguro social de saúde (*assurance maladie*);
- *organismos de ajuda familiar* (a partir dos anos 1990) — trata-se de associações intermediárias ou ONGs, criadas para ajudar as famílias com filhos pequenos e as pessoas envelhecidas, atendendo no domicílio ou em local próprio.

Atualmente, a maioria das pessoas de mais idade, dependentes ou não, vive em sua própria casa. Para Aliaga e Neiss, aproximadamente 8 milhões de pessoas de mais de 65 anos viviam, em 1995, em suas casas e mais de 1 milhão necessitavam de ajuda na vida cotidiana. Assim, "para 100 pessoas atendidas pelos serviços de assistência domiciliar, 30 viviam sozinhas em suas casas, 30 outras moravam com seus cônjuges e 19 com uma pessoa mais jovem. (...) Doze delas viviam com pessoas da mesma geração ou de uma geração próxima e somente nove residiam em casas para aposentados ou residências para idosos".[10] Esses números indicam os esforços realizados ao longo de 30 anos para a implantação de uma política gerontológica de manutenção das pessoas

---

8 Não se pode dizer que o *département* corresponda a um estado brasileiro. A França não tem um sistema federativo como o brasileiro e, apesar da recente descentralização, o sistema francês permanece bastante centralizado, principalmente em relação às políticas econômicas e sociais. Assim, existem várias hierarquias de poder, com competências limitadas: o município, o *département* e as regiões. A autonomia de decisão do município é relativa, limitada pela região e pelo estado central. Doravante, traduziremos literalmente por departamento.

9 São as *aides menagères*: prestadoras de serviços da Secretaria de Ação Social que fazem limpeza, cozinham e acompanham as pessoas de idade ou com deficiência física nas visitas médicas, nas compras ou passeios. Elas não são funcionárias municipais, mas devem fazer cursos de formação para lidar com pessoas de mais idade ou incapacitadas fisicamente e prestam exame para entrar para o corpo de atendentes. Esses serviços são subsidiados pelo CCAS, mas as pessoas atendidas também pagam, ao CCAS, um percentual relativamente baixo sobre a sua aposentadoria.

10 Aliaga e Neiss, 1999:257. Tradução literal de *maisons de retraite* e adaptada de *foyer-logement*, respectivamente.

de idade em seus domicílios, em todos os níveis hierárquicos (nacional, "departamental" e municipal).

Após a promulgação da lei de descentralização dos serviços, as políticas sociais da velhice se tornaram um espaço de confrontamento entre as estruturas departamentais e municipais. Os municípios não pararam de investir na gestão do modo de vida de sua população de mais de 60 anos, ainda que nesta nova divisão de competências o *departamento* seja responsável pela maior parte dos serviços e das casas para aposentados. Isto significa que ele tem a prerrogativa de fixar o montante dos benefícios de assistência social disponibilizados pelos municípios.

As críticas ao programa de manutenção das pessoas envelhecidas nos domicílios se baseiam no fato de que estas ações representariam uma carga dificilmente suportável para a comunidade. Alguns estudos sociológicos[11] sustentam a idéia de que, a despeito das intenções louváveis que deram origem a esses programas, eles acabam isolando as pessoas de idade e contribuindo para aumentar a sua dependência dos serviços de assistência social.[12] Com o objetivo de analisar as políticas sociais da velhice e suas conseqüências econômicas, esse estudo não considera o fato de que as pessoas concernidas, ainda que não estejam em situação de dependência física, sofrem de isolamento e que as atendentes domiciliares e de enfermagem[13] desempenham uma função essencial de socialização, já que freqüentemente são o único contato semanal que as pessoas de mais idade têm. O que esses serviços prestam às pessoas de idade não pode ser analisado somente do ponto de vista do encargo que representam para a coletividade; eles contri-

---

[11] Estas reflexões sobre a velhice dependente adotam, em geral, pontos de vista da biomedicina e/ou da economia.

[12] Guillemard, 1998.

[13] Elas têm o mesmo estatuto das atendentes domiciliares. Com formação em primeiros-socorros, atendem pessoas envelhecidas ou incapacitadas para aplicação da medicação prescrita pelos médicos, fazem a verificação da pressão e auxiliam no banho.

buem, ao contrário, para o bem-estar dessas pessoas tanto nos planos material e prático quanto no plano social.

Ao longo dos anos 1960 e 70, foram criados mecanismos de reajuste dos rendimentos dos aposentados para diminuir a diferença do nível de vida entre ativos e aposentados. As pensões de aposentadoria passaram a representar 50% do salário bruto médio dos 10 melhores salários da carreira, depois de 37,5 anos de contribuição.[14] A partir de 1972, o regime de complementação da aposentadoria[15] se torna obrigatório, o que permite assegurar entre 70 e 80% do salário de referência.[16]

As desigualdades entre ativos e aposentados foram consideravelmente reduzidas ao longo dos últimos 30 anos,[17] graças aos mecanismos de redistribuição e aos regimes de seguridade social.

Os aposentados franceses passaram a usufruir o tempo do não-trabalho com rendimentos quase equivalentes aos dos ativos. Contudo, a França atravessou forte recessão econômica ao longo da década de 1990, que se refletiu no sistema de aposentadoria. Em 1993, uma nova reforma (a reforma Balladur) foi implantada pelo governo francês,[18] restrita aos empregados da indústria e do comércio, sem atingir os regimes especiais de aposentadoria do setor público. Ela preconizava que o montante das pensões de aposentadoria seria calculado entre

---

14 O sistema que vigora na França é o "bismarquiano", cujo regime de repartição é financiado por cotizações dos empregados e empregadores: as cotizações dos ativos pagam os atuais aposentados. Os benefícios são calculados em função do nível dos salários recebidos ao longo da carreira e do montante das cotizações (Palier, 2003).

15 As caixas de aposentadoria complementar são divididas em diferentes regimes e setores profissionais. Elas são mais ou menos autônomas em relação ao Estado, de cuja gestão participam vários parceiros sociais como os sindicatos e o patronato (Palier, 2003:22).

16 Palier, 2003.

17 Em 1997, a pensão média mensal era de €1.342 para os homens e de somente €767 para as viúvas pensionistas.

18 A direita francesa era majoritária na Assembléia Nacional e referendou a proposta do primeiro-ministro da época, também da direita.

os últimos melhores 25 anos de contribuição (antes eram os 10 melhores anos) e que para obter a aposentadoria seriam necessários 40 anos de contribuição (antes eram 37,5). Esta reforma "consiste assim em diminuir a vinculação entre cotização e benefício, como todas as reformas dos sistemas bismarquianos de proteção social".[19] Nesse mesmo ano, foi criado o Fundo de Solidariedade Velhice (FSV) que passou a financiar o "mínimo velhice". Em 1995, o governo de Alain Juppé propôs a reforma dos regimes especiais do setor público, estendendo as regras de cálculo do setor privado ao público, ou seja, passar de 37,5 anos para 40 anos de cotização. A resposta veio rápida: a eclosão de movimentos sociais em todo o território francês e o engavetamento do projeto.

As despesas públicas com aposentadoria e assistência social aumentaram significativamente na última década, correspondendo em 2000 a 12% do PIB francês. As medidas implantadas nos últimos anos visavam a redução das despesas públicas com aposentadoria e as reformas pretendiam fazer face ao envelhecimento da população e, sobretudo, ao prolongamento da expectativa de vida.[20] Diante de tal panorama, o atual governo de direita, também majoritário no Parlamento, aprovou a reforma do regime geral de seguridade social, alinhando os sistemas de aposentadorias do setor público e do setor privado: a extensão para 42 anos de cotização. Somente algumas categorias profissionais,[21] que têm regime especial e enorme poder de mobilização social, como os ferroviários, não foram atingidas pela nova reforma. Esta imporá aos franceses uma escolha entre pensões de aposentadoria mais baixas e por mais tempo ou ter de trabalhar muito mais tempo para obter aposentadorias mais elevadas.[22] Em período de desaceleração da economia e conseqüente crescimento das taxas de desemprego, e sob a

---

[19] Palier, 2003:99.

[20] Se persistirem as baixas taxas de fecundidade, a baixa taxa de mortalidade e a diminuição da imigração, um francês em cada três terá mais de 60 anos em 2040.

[21] Militares, companhias de Gás-Luz/EDF-GDF, SNCF.

[22] Palier, 2003:102.

batuta de um governo liberal, tudo leva a crer que haverá uma possível transformação do sistema de aposentadoria por repartição em um sistema misto, com certa dose de capitalização. Mais do que isso, a certeza do prolongamento da idade de aposentadoria: aos 60 anos nunca mais.

Indicadores sociais da população francesa de 60 anos e mais: rápido panorama[23]

População de 60 anos e mais: 21% da população (12 milhões), em 2000.

Expectativa de vida: 75 anos para os homens e 83 para as mulheres.

Moradia: 70% dos aposentados são proprietários de sua moradia, o que é superior à média da população:

- 87% das pessoas de 75 anos e mais vivem em suas casas ou com um membro da família;
- 12,4% das pessoas de 60 anos e mais vivem com seus filhos;
- uma entre cinco pessoas vivendo em casas para aposentados ou residências medicalizadas não tem família.

Relação de gênero: em média, as aposentadorias das mulheres são 42% mais baixas do que as dos homens.[24] Quatro entre 10 mulheres de 60 anos e mais são *viúvas*, contra um homem entre 10.

Pobreza: há 30 anos, um entre quatro domicílios de aposentados estava abaixo do nível de pobreza; hoje, somente um entre 25.

Mínimo velhice: 1 milhão de pessoas de 65 anos e mais vivem apenas com o mínimo velhice.

Nível de vida: em 20 anos, o nível de vida das famílias francesas cresceu em média 60% e a mais alta progressão concerne aos de 60 anos e mais.

Poder de compra: é 30% maior entre os que têm mais de 50 anos, comparado aos de menos de 50 anos; o do aposentado já é similar ao do ativo:

- 45% das compras de carros novos são feitas por pessoas de 50 anos e mais;
- representam 60% do mercado de viagens de excursão; gastam 16% do orçamento em livros e CDs.

Vida associativa: de 30 a 40% dos aposentados participam da vida associativa, contra menos de 10% dos que têm menos de 40 anos. Há 20 anos, somente 23% dos aposentados participavam das associações.

---

23 Fonte: Insee.

24 Menor tempo de cotização ou aposentadoria antecipada são os principais fatores que contribuem para isso.

A política gerontológica municipal

A cidade e o catolicismo social[25] ao longo do tempo

Para melhor compreender a política gerontológica de Verrières e o lugar que ocupam os serviços sociais nessa política, há que se retomar algumas etapas de sua história e analisar o papel desempenhado, de um lado, pelo catolicismo social e, de outro, pelo paternalismo da empresa Vilmorin (centro de pesquisas e de seleção de grãos e plantas mais importante da Europa durante décadas), criada no início do século XIX. Durante muitos anos, a horticultura desenvolvida por esta sociedade foi o principal setor de atividade econômica do município. Grandes e pequenas explorações voltadas para a horticultura dividiam o território que, aliás, não era considerado adequado para construções residenciais, pois era situado no vale do rio e sujeito a inundações freqüentes.

Em 1940, os alemães ocuparam as grandes propriedades do município que, após a guerra, não foram retomadas por seus proprietários, arruinados e incapacitados de investir na retomada da exploração. As propriedades agrícolas foram vendidas integralmente ou parceladas, como o castelo Cambacéres, que se transformou em um dos primeiros loteamentos de Verrières. Enquanto a empresa Vilmorin, que ocupava 80 hectares, continuava a empregar um grande contingente de mão-de-obra agrícola, o município foi-se transformando em cidade-dormitório, mas sem perder seus traços característicos de sociedade rural. A especialização agrícola mais a vocação para cidade-dormitório, precocemente desenvolvida em Verrières graças à sua proximidade com Paris, repercutiram diretamente na composição da população.

---

25 Movimento que surgiu no final do século XIX para resolver as questões sociais provocadas pela industrialização: lutar contra a miséria social, melhorando as condições de vida da classe trabalhadora. Pautado na doutrina católica que prega reformas econômicas e sociais e seguindo os cânones do Evangelho.

Assim, nos anos 1950, uma nova população se instalou na cidade: funcionários públicos de nível superior, executivos de empresas privadas, profissionais de nível médio e comerciantes, entre outros. Eles vieram habitar os primeiros condomínios da cidade ou construir suas próprias moradias nos loteamentos imobiliários. Entre eles, muitos católicos progressistas que chegaram ao poder nas eleições de 1955. Estas famílias, que procuravam alternativas de aquisição da casa própria por causa do alto custo dos imóveis parisienses, contribuíram para a transformação das estruturas demográficas e sociais de Verrières, que progressivamente se transformou em uma aglomeração urbana. A cidade se desenvolveu e se dinamizou, pressionada pelos novos moradores, pois como disse a ex-diretora do antigo Bureau de Ajuda Social: "Muitos aposentados venderam suas casas caras, para ir morar no interior ou no sul da França e as casas foram reformadas pelos jovens que as compraram".

Observa-se, assim, um fenômeno de polarização da população local, composta de operários agrícolas aposentados, que recebiam pensões modestas, e de novos habitantes, com renda superior e que demandavam ao governo local um planejamento para as áreas de educação, de esportes e cultural. Contudo, o que caracterizava as ações sociais desta época era fundamentalmente "a solidariedade cristã". A mesma ex-diretora conta que, quando assumiu o cargo há 35 anos, "o prefeito distribuía bônus para alimentação, coisas desse tipo: bônus de leite, bônus de pão... era uma época medieval!".

O paternalismo vinculado à presença da família Vilmorin e a influência persistente das famílias católicas pesaram, durante muito tempo, na gestão da assistência social, inteiramente nas mãos dos membros da Igreja católica local. A atividade das empresas Vilmorin explica a existência de um número importante de operários agrícolas com remuneração modesta que eram os que recorriam à assistência social. Como declara o atual prefeito da cidade — que aliás sempre foi e continua sendo membro ativo da paróquia: "No início, não havia quase ajuda (...), e como tinha muita gente com pouquíssimos recursos e sem aposentadoria ou antigos trabalhadores de Vilmorin, como os agricultores ou horticultores, cujas aposentadorias eram muito baixas, era preciso ajudar. Existiam umas ajudas financeiras, que eram distribuídas todo mês, caso a caso". Essas famílias católicas eram constituídas principalmente de jovens casais com filhos pequenos que logo aderiram à associação familiar.

O catolicismo social e as associações familiares

O catolicismo social está voltado para a melhoria das condições de vida das classes populares, mas não se limita à doutrina da Igreja. Desde sua criação, propõe um projeto global de sociedade. Hostil à sociedade liberal e individualista, ele se baseia em uma concepção paternalista e hierárquica da sociedade, pautando-se na idéia de que a associação é o fundamento da reorganização social. Assim, os problemas da família, da educação, da saúde e, principalmente, dos pobres são objeto de preocupação do catolicismo social, que os trata com forte apelo populista. A Associação Familiar de Verrières está vinculada à associação católica.

As associações familiares surgiram em 1945 (Lei nº 1.901)[26] para representar e defender os interesses das famílias, propondo estratégias políticas e práticas familiares que combinassem atitudes morais e legalistas no plano individual e familiar, no exercício de funções coletivas pautadas no "direito dos genitores" e no humanismo social. São sete as grandes associações, representando diferentes percepções e ideologias do mundo familiar: a Associação Familiar Católica é ligada à direita; as associações familiares protestantes são de centro-direita; as associações familiares laicas, as associações familiares rurais, as associações populares familiares sindicais, a Confederação Sindical das Famílias e a Federação das Famílias da França são de esquerda. Elas formam a União Nacional das Associações Familiares (Unaf) e têm missões públicas, delegadas pelo Estado, de controle e integração social como tutelar os benefícios sociais.[27]

A cumplicidade entre a Igreja e a associação familiar constituía "a anticâmera do conselho municipal", influindo consideravelmente nas propostas de ações sociais, elaboradas pelos representantes eleitos, segundo um vereador: "Era preciso primeiro passar pela paróquia para entrar no conselho municipal [Câmara de Vereadores] e,

---

26 As associações 1901, como são chamadas, não têm fins lucrativos. O que se considera, na França, organização não-governamental (ONG) são as associações 1901 voltadas principalmente para os países do Terceiro Mundo. Doravante trataremos somente de associações 1901.

27 Mayeur, 1986.

na época, os vereadores faziam as vezes de assistentes sociais, por pertencerem à Igreja".

Este catolicismo solidário ainda marca a vida do município de Verrières-Le-Buisson. Se no passado as ações de caridade e a assistência aos mais desfavorecidos eram prerrogativas da Igreja, esse apanágio foi logo preenchido pela prefeitura através da implantação de uma política social dirigida à assistência individualizada (os bônus alimentares). Ainda hoje, ela continua profundamente marcada por este espírito, uma vez que suas linhas prioritárias estão voltadas para a assistência aos indivíduos considerados mais dependentes: as crianças, a população de baixa renda e as pessoas de mais idade. A despeito da instauração de uma política que estrutura o espaço social em categorias, a individualização da assistência ainda persiste, como diz o prefeito: "Para as pessoas que não têm dinheiro suficiente para viajar de férias, é o município que complementa. É caso a caso, e o que resta é para as subvenções que aportamos às estruturas associativas [associações 1901] da cidade. Também pode ser para a assistência em domicílio, por exemplo".

As políticas sociais locais só fazem sentido se analisarmos sua trajetória ao longo do tempo e somente considerando esta herança social e cultural católica poderemos entender o dispositivo gerontológico atual.

A ação social municipal

A extensão do direito à aposentadoria, nas décadas de 1950/60, permitiu melhorar muito as condições de vida das pessoas de mais de 60 anos. Nesse contexto favorável, observou-se uma crescente participação no mundo associativo, uma melhor integração na rede familiar e o reconhecimento como consumidores de primeira ordem, em face da maior disponibilidade financeira. O relatório Laroque, sobre os problemas do envelhecimento, preconizava a elaboração de projetos sociais suscetíveis de transformar a imagem negativa da velhice, em geral, sinônimo de isolamento, inatividade, decadência e precariedade.

A partir de 1960, os poderes públicos franceses estimularam os municípios a criar um Centro Comunal de Ação Social (CCAS). Verrières logo se engajou na reforma de seu dispositivo de ação social, criando o CCAS em 1965.[28] O município implantou as determinações que vigoravam nas leis governamentais, instituindo principalmente os atendimentos domiciliares. Não sem dificuldades, pois Verrières ainda não dispunha de pessoal administrativo especializado. A sra. Irène, diretora do CCAS de 1964-94, evoca as primeiras iniciativas dessa transformação:

> Aos poucos fomos montando um serviço de ação social. Tínhamos o que se chama de "ajuda social obrigatória", ou seja, uma ajuda social que obedecia aos decretos governamentais e que deveríamos aplicar. Isto é o que chamamos de ajuda obrigatória. E é preciso estar muito vigilante, pois não é nada evidente aplicar esses decretos nacionais. Mas é preciso! Depois, criamos a ajuda facultativa, que é da prefeitura, do financiamento municipal, porque o CCAS tem também uma subvenção municipal (...). Ora, o interesse não estava evidentemente nas ações do Estado, pois as ações legais nós aplicamos sem pensar. Criei então diversas atividades no CCAS como ajuda social facultativa. Assim, no início, havia somente uma atendente domiciliar e, pouco a pouco, empregamos cinco, depois oito, 12, 15 pessoas!

Após a criação do CCAS, a municipalidade institucionalizou as ofertas de serviços para a população, iniciando uma ruptura com a mentalidade filantrópica que reinava até esse momento. "Quando cheguei aqui, não tinha nada, nem creche, nem maternal e tampouco creches familiares, não tinha apoio escolar. Não tinha nada, nada", diz a sra. Irène.

Compreender o processo de criação das políticas sociais locais não é tarefa fácil. As entrevistas revelaram as diversas orientações e injunções

---

[28] O CCAS substituiu o antigo Bureau de Ajuda Social existente em todos os municípios franceses.

que atravessam as políticas municipais: tanto os vereadores quanto os técnicos da ação social fazem, freqüentemente, referências ao importante papel que cada um deles desempenhou e ainda desempenha na cena pública. Foi assim que um dos secretários municipais evocou sua participação na política local, desde a sua juventude:

> Quando cheguei aqui, em 1971, grande parte da ação social era feita somente por meio de algumas associações. Filosoficamente, não me satisfazia. Revisamos todos os dados de ajuda social e fizemos entrar todas as associações no âmbito do CCAS, na época era o BAS.[29] Estendemos as subvenções para outras associações, pois os representantes das caritativas — Sécours Populaire[30] e associação familiar — estavam em todas e tinham influência nas decisões. Eu era muito jovem, tinha 23 anos, nasci aqui em Verrières e coloquei todos em seu lugar de associação e não como representantes da coletividade pública! Era um péssimo sistema. O que fiz não foi uma inovação, apenas um cuidado... o que me chocava é que cada uma delas tinha um pouco de seus pobres e que estes, espertamente, se dirigiam a uma associação, depois a outra... Era vetusto como sistema.

Ainda que as percepções de cada um sobre a formulação de uma política social municipal não sejam concordantes, a ação social de Verrières foi progressivamente se estruturando. A primeira etapa consistiu na criação de uma creche, de um centro de colônia de férias para crianças e adolescentes (de seis a 18 anos), assim como de um serviço de apoio domiciliar para as pessoas de mais idade e incapacitadas fisicamente. A política de descentralização do início dos anos 1980 favo-

---

[29] Bureau de Ajuda Social.

[30] Associação humanitária ligada à esquerda francesa, principalmente ao Partido Comunista Francês, voltada para a solidariedade aos menos favorecidos da França e dos países do Terceiro Mundo. Organiza Natal e viagens de férias para as crianças de baixa renda e, ao longo do ano, recolhe alimentos e roupas de inverno para distribuir aos pobres.

receu a implantação de políticas municipais gerontológicas, posto que o governo central pretendia transferir a ação social da sua esfera de competência para a dos *departamentos* e municípios. Para Gucher (1998a:24) "outras formas de pensar o envelhecimento parecem ter sido inventadas nestes territórios onde a proximidade entre o administrado e o administrador é grande e se impõe como regra do jogo e árbitro das ações". Foi assim que, criando formas de ação social adaptadas às necessidades específicas da sua população envelhecida e apoiado nas medidas propostas pelo governo central entre 1973 e 1978, o município de Verrières melhorou as condições de permanência das pessoas de mais idade em seu ambiente.

Mas o dispositivo municipal de prestação de serviços não pôde ser realizado sem a participação de quatro grupos: os funcionários municipais que executam as decisões do governo local; os funcionários departamentais e municipais que colaboram na elaboração e execução de políticas da velhice; as associações 1901 que contribuem para o desenvolvimento de programas de manutenção das pessoas nos domicílios; e o setor privado, através das residências coletivas e dos serviços prestados nos domicílios destinados às pessoas de idade.[31]

Três grupos estão bastante presentes na política gerontológica de Verrières: os funcionários municipais, as associações 1901 e o setor privado. Os primeiros têm como atribuição executar as preconizações nacionais e departamentais e inserir socialmente as pessoas com mais de 60 anos, através da permanência no domicílio e da criação de diversas atividades como o clube da terceira idade, cursos, bailes, viagens e passeios. As associações socioculturais 1901 se ocupam de uma ampla gama de atividades — assistência aos mais isolados, cursos de informática, de fotografia e vídeo, clube de filatelia, viagens, passeios etc. O setor privado, além de administrar as residências coletivas para pessoas de idade, oferece atividades vol-

---

31 Gucher, 1998a. Para a autora "estas sociedades influenciam o sistema de oferta e demanda de serviços, conseguindo fugir, em parte, da vontade municipal".

tadas à sociabilidade, freqüentemente em parceria com o governo municipal.

Representações sociais da velhice

O desenrolar das políticas públicas voltadas para a velhice repercutiu nas formas de classificação das pessoas de 60 anos e mais: de "velhos" passaram a "aposentados", com a criação dos sistemas de aposentadoria; de "idosos" passivos e reclusos à vida privada se tornaram a terceira idade; através do dinamismo e autonomia se transformaram em seniores, pois com a crise econômica e o desemprego dos mais jovens, os aposentados têm maior poder de consumo.

Os "aposentados", a terceira idade e os seniores

Com a criação do sistema de aposentadorias, o aumento das pensões e a conseqüente melhoria das condições de vida das pessoas envelhecidas, um novo ideal de prazer pessoal se desenvolveu pouco a pouco na nossa sociedade nos últimos 30 anos e se criou uma imagem positiva da aposentadoria ativa e independente.[32] De fato, o estatuto de aposentado torna homogêneas faixas de idade diversificadas, incluindo em uma só categoria todas as pessoas que deixam de ser produtivamente ativas, criando uma identidade comum. O direito à inatividade remunerada, a partir dos 60 anos, faculta a essas gerações uma situação de disponibilidade e de ociosidade que gera novos hábitos, induz novos comportamentos e desfaz aos poucos a imagem estigmatizada do "velho".

O prolongamento da vida vem retardando a passagem para uma velhice dependente e as categorias "aposentado" e terceira idade mascaram as diferenças de idade e de classe social. A terceira idade

[32] Cribier, 1992:715.

se tornou sinônimo de um envelhecimento dinâmico e independente, destacando os jovens aposentados dos mais velhos. As pessoas de 60 anos e mais passaram a reinventar o seu cotidiano para preencher o tempo livre e essas mudanças estruturais se refletem no crescimento da participação na vida associativa, na reformulação de seus hábitos de consumo e na reorganização de seu modo de vida, principalmente a partir da utilização de novas tecnologias. "Integração" e "autogestão" constituem as palavras-chave da nova definição da velhice, posta em prática a partir dos anos 1960 por uma política governamental que visava tanto transformar a imagem das pessoas envelhecidas, quanto introduzir modificações político-administrativas.[33]

Oferecer às pessoas com mais de 60 anos os meios para viverem uma vida autônoma por longo tempo foi a base desse conjunto de medidas. Nesta perspectiva, a criação de uma gama de equipamentos e serviços para essas pessoas se tornou uma das diretrizes da política social da velhice, favorecendo o aparecimento de um mercado de bens e serviços. É importante assinalar que as caixas de aposentadoria complementar desempenharam um papel fundamental na difusão dessa nova arte de viver a aposentadoria, pois, visando a gestão dos fundos de pensão, ofereceram diversos serviços para conquistar novos mercados: centros de férias, organização de viagens, cursos de preparação para a aposentadoria.[34] Ao insistir no desenvolvimento de relações mais sistemáticas entre a administração e a sociedade civil, estimulou-se o surgimento de uma nova categoria de atores sociais — os mediadores políticos/sociais e os técnicos — que encontraram nesta concepção um espaço para desenvolver seus interesses, difundindo essa nova imagem ativa da velhice.[35]

---

33 Peixoto, 2000a.

34 Caradec, 2001.

35 Guillemard, 1988.

No início dos anos 1990, as empresas privadas e públicas francesas começaram a se interessar pelos jovens aposentados, que tinham maior poder de compra do que outros grupos de idade. Na França, as pessoas com mais de 50 anos detêm 60% da riqueza nacional. Enquanto a crise econômica atinge o consumo das famílias jovens, o dos aposentados não parou de crescer, principalmente em áreas inusitadas, como a mídia, por exemplo. Surgiram, nessa década, revistas e estações de rádio voltadas para esse público, reforçando a noção do "sênior marketing" introduzida por um publicitário francês[36] para designar as pessoas com mais de 50 anos, aposentadas ou não e que detêm melhor poder aquisitivo. Diz ele: "Eles sabem que lhes restam 10 ou 15 anos de vida com boa saúde. Eles querem aproveitar e consumir mais".[37] Procurando cativar essa clientela, J.-P. Tréguer criou a Senioragency em 1995, agência publicitária voltada para o mercado dos *baby boomers* e seniores que, hoje, está implantada em sete outros países (Inglaterra, Japão, Bélgica, Suécia, Noruega, Áustria e Alemanha).

A expressão sênior se disseminou de tal maneira que o uso de terceira idade e "idosos" foi totalmente abolido nas empresas, nas instituições públicas e mesmo em textos sociológicos.[38] Não foi por acaso que, em 1996, a rede ferroviária (SNCF) e a de transportes urbanos (RATP) lançaram a tarifa sênior. Foi também o caso da rede bancária que estudamos, cujos agentes locais pediram que não pronunciássemos a palavra "idoso" durante as entrevistas realizadas junto à clientela, o termo considerado adequado era sênior. Identificado como alvo de consumo, o sênior constitui assim uma categoria econômica caracterizada pela interseção entre idade e poder de compra.

---

36 Tréguer, 1998.

37 *Le Monde*, 15 set. 2003.

38 Este mesmo processo ocorreu com a noção "velho", substituída por "idoso" e depois por "terceira idade" (ver Peixoto, 2000b).

Idade, tecnologia e inovação

O crescimento da população com mais de 60 anos coincide com o acelerado desenvolvimento tecnológico das sociedades ocidentais, a ponto de "jamais, e sem dúvida em época alguma da história da humanidade, nosso cotidiano ter sido tão perturbado pela invenção sistemática e jamais, ao longo da vida de um homem, se ter produzido o que se desenrola hoje no mundo: a modificação constante das nossas condições de existência", como assinalam Cohen e Tarnero (1994:9). O desenvolvimento tecnológico e as estruturas societárias a ele associadas favorecem o individualismo e contribuem para o declínio de certas formas de existência comunitárias, redobrando assim as mudanças observadas no grupo familiar.

A noção de "técnica" designa um campo de mediação, de ajustamento permanente entre os fatores materiais (necessidades biofísico-químicas, princípios de funcionamento dos ecossistemas etc.) e um sistema de representações e relações sociais, visando melhorar e ampliar as performances corporais na sua relação com o meio ambiente.[39] Assim, a mediação técnica permite concretizar a transformação de uma matéria-prima em produto final, que será objeto de consumo.[40] A técnica se transforma em tecnologia quando a produção e o controle dos dispositivos técnicos são aprovados cientificamente e disponibilizados para uso. A tecnologia se situa assim no cruzamento da ciência, da técnica e da sociedade: "ela conjuga a utilização dos conhecimentos racionais, científicos ou técnicos, para satisfazer as necessidades, os desejos, os fantasmas, assim como para a criação, a difusão e a gestão industriais dos bens e dos serviços".[41]

A tecnologia, ao mesmo tempo em que aumentou seu poder e suplantou a técnica propriamente dita, se viu confrontada com enor-

---

[39] Tibon-Cornillot, 1994.

[40] Cresswell, 1996.

[41] Salomon, 1992:70.

me crítica: a idéia de que todo progresso tecnológico seria igualmente um "progresso da humanidade".[42] Foi Ellul (1977) quem fez, na França, a crítica mais radical à tecnologia, não hesitando em lançar a hipótese de que o desenvolvimento exponencial das tecnologias definiria um "sistema técnico", um processo autônomo de propagação da racionalidade técnica que ele qualifica de "totalitário". Contrários a essa posição "pessimista", outros como D. Vinck procuram questionar as relações entre poder e tecnologia e sobre a separação entre dois mundos: de um lado, o dos tecnólogos e seus instrumentos; do outro, o dos usuários e suas práticas. Ele assinala ainda que a questão da responsabilidade no domínio tecnológico está relegada aos usos e impactos na sociedade: "os erros são sempre humanos, mesmo quando estão inscritos em um sistema tecnológico complexo e ativo". A tecnologia é, assim, dispensada de toda responsabilidade e considerada "neutra".[43] Mais otimista, Déforge (1990) acredita na possibilidade de se estabelecer uma "dialética do poder e do querer" que seria fundada no ajustamento entre os valores próprios à técnica e os valores societais.

Podemos questionar o entusiasmo atual das nossas sociedades pela inovação que se impõe progressivamente como um imperativo categórico. Se o setor empresarial, confrontado à concorrência avassaladora e pressionado a atribuir a si mesmo uma imagem dinâmica voltada para o futuro e para a conquista de novos mercados, deve inovar para reduzir seus custos de produção, não é menos verdade que a inovação tende a se erigir como valor absoluto ao longo dos anos 1980. Ela está em todos os cantos e por toda parte, breviário de uma modernidade que, freqüentemente, deixa à margem os grupos de idade mais avançada da população. A inovação foi incorporada progressivamente pelas políticas sociais francesas voltadas à velhice que, ao estenderem a aposentadoria para todos e aumentarem posteriormente os seus valo-

---

[42] Scardigli, 1987:267.

[43] Vinck, 1990:117.

res, promoveram igualmente a necessidade de produtos e serviços particularmente dirigidos para as pessoas de mais idade.

Entretanto, observamos que, ao longo dos últimos anos, a multiplicação de pesquisas consagradas à cultura material e ao processo de inovação tem renovado o debate. Uma tendência que se destaca é a que enfatiza a relação entre técnica e sociedade. Salomon (1992) considera, assim, que a tecnologia "remete, de fato, às finalidades e portanto às estruturas sociais (mentalidades e crenças, necessidades e instituições econômicas, políticas, culturais)", enquanto Gras (1993:83) acha que o elemento técnico "fala para o imaginário", "se inscreve na consciência coletiva e encontra seu sentido". A imbricação do técnico e do social é particularmente assinalada pela corrente "sociologia da inovação", que retomou o modelo do "tecido sem costura", criado por Hughes (1983) para dar conta da "heterogeneidade dos elementos associados de um sistema tecnológico que não pode ser recortado em pedaços de textura uniforme, seja ela social, técnica ou econômica".[44] Podemos evitar um relativismo excessivo e reconhecer a dimensão social e "ideal" da técnica, com cuidado para não reduzir as escolhas técnicas e os enunciados dos saberes a uma competição de interesses sociais, simbólicos ou de poder. Assim, as tecnologias e a inovação ocupam um lugar central na análise socioantropológica da técnica. Se existem inovações que não são rigorosamente de ordem técnica — por exemplo organizacional —, podemos considerar que uma novidade tecnológica é sempre uma inovação.

Uma característica da inovação é o seu processo de difusão e de renovação. Isso nos leva a indagar se a utilização freqüente de um certo objeto técnico não faria com que ele perdesse seu caráter de inovação. Por exemplo, o carro e a máquina de lavar roupas seriam ainda inovações? Se aceitarmos que do ponto de vista da coletividade esses objetos não são mais inovações, temos que considerar o ponto

---

[44] Akrich, 1994:123.

de vista dos usuários, pois eles estruturam o mundo material em função de sua trajetória pessoal e suas necessidades. Portanto, um determinado objeto de uso corrente para muitos pode ser uma novidade para alguém que teve acesso a ele tardiamente. Assim, do ponto de vista da pesquisa antropológica, temos que admitir o caráter eminentemente relativo desta noção.

2. Um estudo de caso: o município de Verrières-Le-Buisson

Razões de uma opção

Vários fatores contribuíram para que a escolha de um campo pertinente de pesquisa antropológica sobre envelhecimento e novas tecnologias recaísse no município de Verrières-Le-Buisson. Como íríamos analisar as interações, as coordenações e os ajustamentos no âmbito da rede sociotécnica composta pelas pessoas de mais idade, pelas novas tecnologias, pelos organismos mediadores e pelos profissionais e intermediários, era necessário encontrar um município que apresentasse essa configuração singular, embora complexa. Verrières fica a 13km do centro de Paris e, segundo o recenseamento de 1999, 15,4% da população residente eram constituídos por pessoas com mais de 60 anos.[45] Nesse sentido, este município apresentava uma unidade territorial e social, cujas características geopolíticas, demográficas e organização social permitiam um estudo de caso, evidenciando as configurações singulares dos contextos estrutural e funcional. Além disso, a população de mais de 60 anos representava uma importante unidade de integração espacial e territorial.

---

45 Proporção equivalente à média nacional. Já Paris apresenta taxa superior: 20% da população têm mais de 60 anos.

O segundo fator fundamental foi a aprovação do nosso projeto de pesquisa pela prefeitura de Verrières e pelos representantes da Câmara Municipal, pois, dadas a duração prevista para o trabalho de campo (quatro meses) e a sua extensão territorial (espaços do poder público, associações, domicílios, casas para aposentados etc.), necessitávamos de passe livre para circular e entrevistar aqueles que considerávamos pessoas importantes da política social local. O apoio do governo municipal foi decisivo, pois abriu as portas da Coordenação Gerontológica Municipal (membros e coordenadoria), do Centro Comunal (municipal) da Ação Social, CCAS (diretores e atendentes domiciliares), dos administradores das estruturas de residência coletiva e seus moradores de mais idade, assim como de diretores e membros das associações socioculturais 1901. O CCAS nos possibilitou entrar em contato com os residentes idosos mais resistentes à pesquisa graças à mediação das atendentes domiciliares. As pessoas que selecionamos para entrevistar deveriam ser previamente notificadas e asseguradas sobre as intenções da pesquisa e muitas, antes de aceitar, solicitavam o conteúdo das questões. Muitas nem sempre compreendiam a razão de nossas visitas e nos tomavam como vendedoras que, a pretexto de uma pesquisa sobre eletrodomésticos, pretendiam lhes vender um produto qualquer.

Decidimos, então, não delimitar a pesquisa a um setor particular da oferta tecnológica mas, ao contrário, levar em conta o conjunto das tecnologias com que as pessoas de mais de 60 anos se deparam no cotidiano, analisando as diferentes situações de interação entre elas e os objetos. Dada a diversidade dos produtos técnicos que cruzam o cotidiano dessas pessoas, não utilizamos um questionário fechado, nem um roteiro de entrevista muito rígido. Nossas entrevistas e observações foram adaptadas às circunstâncias e condições diversas que encontramos ao longo do trabalho de campo. Alguns objetos pertencem à esfera privada, doméstica, como os equipamentos eletrodomésticos, audiovisuais e informáticos; outros, à esfera pública, como os automatismos dos serviços postais e bancários. A pesquisa foi conduzida nesses dois espaços: público e privado.

Quanto aos objetos tecnológicos da esfera doméstica,[46] procuramos reconstituir a história individual e aproximar as representações que cada um elabora da ação gerontológica do município e, principalmente, identificar os equipamentos que as pessoas de idade possuíam e utilizavam, percebendo as modalidades de utilização, assim como apreendendo os valores que estruturam esses usos. Ou seja, procurávamos fazer as pessoas falarem dos objetos que possuíam, se os utilizavam e como, e por fim se compraram ou receberam de presente e, neste caso, de quem?

Quanto aos objetos tecnológicos da esfera pública, levamos em conta o fato de que os organismos de prestação de serviços, como a agência bancária ou o Correio Postal são espaços (públicos) nos quais se negociam interesses de ordem privada: operações financeiras, correspondência administrativa e pessoal. Assim, autorizadas pelos responsáveis dessas agências, observamos, durante dias, os comportamentos e as modalidades de uso tanto dos caixas automáticos quanto das máquinas de distribuição de selos, das máquinas de xerox e de trocar moedas existentes nos Correios franceses. Esta etnografia das representações e práticas permitiu a realização de entrevistas com as pessoas que observamos manipular esses objetos tecnológicos. Foi possível, assim, articular os comportamentos e o sistema de representações onde se inserem, o que, muitas vezes, se dá de modo contraditório. Por exemplo, observamos um senhor de idade que, freqüentemente, retirava dinheiro do caixa automático sem nenhuma dificuldade, além de fazer diferentes manipulações bancárias; na entrevista, contudo, mostrou grande hostilidade por esses aparelhos e até mesmo negou que os utilizasse: "Eu não quero usar isso, porque não é confiável". Um discurso como esse, colhido fora do contexto de utilização dos objetos

---

[46] As entrevistas foram realizadas nas moradias: na própria casa, nas casas para aposentados, nas clínicas geriátricas ou nas residências para idosos.

tecnológicos, poderia classificar a pessoa como não-usuária, o que não é o caso. Importa assim ressaltar que se esta pesquisa tivesse se apoiado, exclusivamente, na análise dos discursos, as conclusões certamente confirmariam alguns estereótipos atribuídos às pessoas de idade: "incapacidade de assimilar o novo", "rejeição às novas tecnologias" etc.

Dividimos a população analisada em grupos, pois as informações obtidas de cada um deles eram diferenciadas e específicas: as pessoas com mais de 60 anos, as associações socioculturais que desempenham o papel de mediadoras, os responsáveis pela política social do município e da ação gerontológica local e, finalmente, os agentes das empresas que propõem serviços automatizados. Configuramos o universo da população com mais de 60 anos e dos atores implicados na política gerontológica, levando em conta: de um lado, a repartição socioprofissional dessa população; e, de outro, as atribuições de cada um desses atores no âmbito das instâncias de decisão e de ação. Esta abordagem nos permitiu desvendar e analisar as alianças que se produziam ou não, entre os diferentes atores suscetíveis de intervir no domínio gerontológico. Buscando dar à pesquisa uma perspectiva histórica, entrevistamos pessoas que no passado (anos 1960/70) estiveram ligadas à elaboração da política municipal e, também, os criadores do sistema de automatização do banco selecionado para esta pesquisa,[47] a fim de apreender a maneira como representam a velhice, através da concepção de um programa de automatização dessa rede bancária nacionalmente.

---

[47] Escolhemos essa agência bancária porque é a única na cidade que possui um *hall* interior com caixas automáticos, permitindo a observação do comportamento da clientela de mais idade. Autorizadas a permanecer no interior da agência, não levantávamos suspeitas, o que aconteceria se observássemos as pessoas nos caixas automáticos instalados do lado externo das agências bancárias e/ou nas ruas. Muitas vezes, éramos confundidas com os próprios funcionários, pois alguns clientes solicitavam nossa ajuda para manipular os aparelhos.

Sobre a população de Verrières

O município de Verrières-Le-Buisson está situado no vale do rio Bièvre, afluente do Sena, e parte do seu território é uma floresta. Sua extensão territorial não mudou desde a sua fundação. Em compensação, a população *verriéroise* cresceu bastante ao longo das últimas décadas, assim como suas características socioeconômicas se transformaram: de pequeno município agrícola, tornou-se uma aglomeração urbana. Como a floresta é a atração do lugar, o governo municipal procura controlar a expansão urbana, impedindo que os espaços verdes sejam invadidos por grandes construções habitacionais ou empresariais.

Em 1999, sua população era de 16.500 habitantes, dos quais aproximadamente 2.700 eram pessoas com mais de 60 anos. Entre estas, 1.540 tinham entre 60 e 74 anos e 890 pessoas mais de 75 anos de idade. Uma parte dessa população, 270 pessoas, das quais 197 tinham mais de 80 anos, vivia em estabelecimentos para pessoas de mais idade, enquanto as outras moravam em seus próprios domicílios ou com familiares. Esses dados se refletem na programação das ações sociais da municipalidade, pois mostram o contorno de dois mundos contrastados que têm interesses e necessidades específicas. Se compararmos a proporção de moradores de 60 anos e mais de Verrières com a dos municípios vizinhos verificamos que suas taxas são inferiores: em um, 10% da população têm mais de 60 anos de idade e no outro a taxa é de 7,5%.

Para o prefeito da cidade, isso se deve ao aumento dos estabelecimentos voltados para a moradia de aposentados e pessoas idosas.[48] Diante dessa significativa concentração, a municipalidade tem procurado desestimular, ou mesmo impedir, a construção de novas estruturas dirigidas a esse grupo populacional:

> Tivemos um aumento de 150 pessoas em relação ao último recenseamento, por conta das construções realizadas e somos um dos poucos no setor que apresentou esse crescimento, os outros mu-

[48] São 310 *kitchenettes* ou quartos, alguns para duas pessoas.

nicípios diminuíram. Quatro casas para aposentados não é muito, mas a Arepa[49] tem 77 estúdios, a Residência do Bosque tem 80 e a de Gauguin é da mesma ordem.

A análise da inserção socioprofissional da população, como indica a tabela, mostra que, em geral, a população de Verrières é relativamente abastada, com uma proporção elevada de profissões intermediárias e superiores. Isto confirma o discurso do subsecretário de Ação Social:

> Em uma cidade como a nossa, que nunca teve problemas políticos (...), não há muita diversidade entre os *verriérois*, a maioria pertence aos níveis superiores. Tem, também, gente nos conjuntos habitacionais (HLM),[50] mas que agora não é mais beneficiada pelo poder público. Eles até eram quando foram morar lá, no começo, mas deixaram de ser.

Inserção socioprofissional

Categoria socioprofissional	%
Agricultores	0,0
Comerciantes e artesãos (no sentido de autônomos, conta-própria)	6,2
Profissões de nível superior	38,0
Profissões intermediárias	23,2
Empregados	21,1
Operários	11,5
Total de ativos	100,0

Fonte: Plano de ocupação do território, Prefeitura de Verrières-Le-Buisson, 1990.

Obs.: O sistema de classificação é diferente do brasileiro, seguindo uma hierarquia de atribuição de responsabilidades e não o setor profissional. Por exemplo: empregados são todos os que trabalham no setor público ou privado, exercendo função inferior à de profissão intermediária; um policial e uma secretária são empregados e o inspetor de polícia e o técnico de informática são profissionais intermediários.

---

49 Associação das Residências para Pessoas de Idade, atuando em parceria com o Estado há 35 anos.

50 *Habitation à loyer modéré* (habitação de aluguéis moderados). São conjuntos habitacionais construídos pelo poder público e alugados para as pessoas de renda relativamente baixa. Muito requisitados, têm longa lista de espera e pode levar anos para o atendimento.

Reconhecida como uma cidade constituída, majoritariamente, por uma população pertencente às camadas médias e superiores, Verrières disponibiliza para seus habitantes uma ampla gama de serviços e de atividades. São estes fatores múltiplos que levam as pessoas aposentadas a escolherem viver nesta cidade, seja em moradias próprias ou em residências e/ou casas para aposentados. Se algumas vieram para ficar mais próximas dos seus filhos ou de parentes, outras escolheram a cidade pelo seu alto índice de qualidade de vida. É o caso de um casal de 90 e 85 anos (ambos ex-executivos de grande empresa) que, há 30 anos, se mudou para um apartamento, num condomínio de classe média alta:

> Primeiro, porque o lugar nos encantou, pois morávamos em uma grande casa e queríamos ter, na aposentadoria, algo pequeno e que oferecesse alguns serviços para que pudéssemos nos sentir bem. E, aqui, nós temos o gerente a quem podemos pedir o que quisermos e quando quisermos. Estamos tranqüilos. Então viemos viver aqui já sabendo o que iríamos encontrar. É bom deixar claro que somos um pouco burgueses e que o lugar nos agradou.[51]

Ou ainda um viúvo de 73 anos (operário qualificado) que esperava ansiosamente pela aposentadoria para se dedicar à pintura, sua grande paixão:

> Sempre adorei pintar e desenhar e aqui em Verrières tinha uma escola de pintura. Então, comecei a vir aqui por isso. Depois, um amigo resolveu vender o apartamento (...) e acabei comprando o apartamento dele. Tudo me convinha: o andar alto com vista, o preço, as pessoas daqui... gostei.

Apesar de todas as estruturas sociais e as associações culturais criadas ou estimuladas pelo governo municipal, parece que a cidade não tem espaços de sociabilidade abertos a todos, classe social e grupos de

---

51 Para os padrões brasileiros, é um apartamento pequeno, com dois quartos e sala mínima. Como fica no térreo, no verão o jardim funciona como uma extensão da sala.

idade confundidos. De fato, não existe na cidade um espaço público de convívio, onde as pessoas possam se encontrar somente para conversar. Pois os vários bares/cafés existentes são freqüentados, principalmente, por uma clientela popular e masculina, composta sobretudo de operários e comerciários. Não há um lugar para as mulheres, as pessoas de mais idade e mesmo os jovens freqüentarem, conclui a sra. Irène, 71 anos, ex-diretora do CCAS:

> Aqui não tem um lugar onde se possa conversar. Não existem lugares de convivência que não sejam as associações. Temos muitas mulheres que vivem sozinhas e que se tivessem, talvez, um lugar onde pudessem se encontrar para tomar um café, um chá; um lugar que não seja nem um clube para velhos nem um espaço para bebês (...) é preciso que exista um lugar de vida que a qualquer hora do dia possamos ir tomar um café, um sorvete (...). Os antigos moradores, nos velhos tempos, iam para a praça e conversavam. Agora não dá porque tem carro por todo lado, as pessoas trabalham, as mães vão buscar os filhos na escola correndo e o lado caloroso da cidade não existe mais. Essa aqui é uma cidade burguesa.

Existe um sentimento de isolamento, compartilhado pelos aposentados de baixa renda que não querem participar de atividades coletivas e tampouco freqüentar o clube da terceira idade (*Bel Age*).

Este problema de sociabilidade está igualmente ligado ao fato de que, embora existam numerosas associações socioculturais subvencionadas pela prefeitura, como veremos no capítulo seguinte, estas propõem atividades que se dirigem tanto a pessoas que pertencem à mesma faixa etária (crianças, adolescentes ou aposentados) quanto para todas as idades, mas focadas em um interesse comum. Estão excluídas todas as pessoas que não querem se inserir nestas práticas, pautadas por critérios geracionais ou culturais. A sra. Odette nos faz notar que em Verrières "as pessoas se organizam por clãs... temos aqui todos os clubes, as associações onde as pessoas podem se encontrar. Tem muita coisa: pintura, escultura, mas isto separa as pessoas. Não existe um sistema que integraria todos em um lugar comum".

Os espaços associativos da cidade se transformaram em espaços sociologicamente marcados, nos quais certos grupos de idade ou grupos sociais inscrevem sua identidade e sua existência.[52] Assim, a sociabilidade dessa cidade é pautada pela monotonia: sempre as mesmas pessoas, nos mesmos lugares e para desenvolver, juntas, as mesmas atividades. O caráter rotineiro das relações sociais é, assim, fundamentalmente marcado pelas relações familiares ou associativas, pelas relações de vizinhança, pelas trocas e conversas efêmeras que estabelecem com os comerciantes locais e agentes institucionais.

O Centro Comunal de Ação Social (CCAS)

A política gerontológica municipal é decidida no âmbito de uma comissão social[53] formada por um conselho de representantes eleitos, por pessoas designadas pela prefeitura e por alguns membros do CCAS. Para as questões relativas às pessoas com mais de 60 anos, os membros da Coordenação Gerontológica também são consultados.[54] Os projetos sociais podem ser propostos pelos técnicos e atendentes do CCAS, pelos diretores das residências coletivas (casas para aposentados e clínicas geriátricas) ou ainda pelos diretores das associações 1901. Todos observam as necessidades individuais ou coletivas da população, encaminhando-as à comissão; são conseqüentemente proponentes de ações sociais a serem programadas pela comissão social.

Além da implantação das diferentes ajudas sociais instituídas pelo Estado, a Comissão Social desenvolve um programa de ações facultativas baseadas em um acordo social assinado exclusivamente entre o

---

[52] Bozon, 1984.

[53] A comissão social faz parte da Câmara Municipal e as questões sobre as pessoas idosas são levadas à Câmara, que decide sobre as ações e determina o orçamento.

[54] A Coordenação Gerontológica é assim formada: uma diretora indicada pelo prefeito, coordenadores do CCAS e técnicos do Serviço para Idosos, os representantes das associações locais (de caráter social) e os diretores dos estabelecimentos residenciais para pessoas de mais idade.

município e o departamento. O município concede, assim, subvenções para várias associações 1901 que atuam no domínio social e que reforçam as atividades institucionais. O município lhes delega uma parte da responsabilidade coletiva.

A criação de uma coordenação gerontológica tem por finalidade aproximar os administradores de seus administrados, o que permite identificar melhor as necessidades específicas da população de mais idade e propor medidas em consonância com seus anseios. Neste debate permanente entre o projeto político e as necessidades da população envelhecida se elabora a política gerontológica.[55] As noções de vínculo social e cidadania foram se impondo ao longo dos anos e contribuíram para a implantação de medidas que possibilitam às pessoas aposentadas e envelhecidas permanecer independentes.

Há algumas décadas se discute a "crise" da sociedade moderna, cujo processo de individualização desenharia uma sociedade centrada exclusivamente no indivíduo — o "eu" prevalecendo sobre o "nós" —, resultando no esfacelamento do vínculo social. A sociologia francesa vem discutindo essa questão desde Durkheim[56] e refletindo sobre a progressiva exigência de maior liberdade individual em todas as esferas da vida pública e privada. Para Singly (2003:19), "o princípio da escolha inscreve no vínculo *(lien)* a expressão da liberdade individual, ele concilia assim o individual e o coletivo. Ele não regula o problema da fragilidade, mas consegue fazer com que o individualismo seja relacional". Segundo o autor, três formas de individualização e três tipos de vínculo devem ser distinguidos nas sociedades modernas avançadas: o da concorrência, próprio do mercado; o relacional, próprio do afetivo; e o da cidadania, próprio do político. Assim, "o 'vínculo societário', complexo, não é redutível a nenhum desses três componentes".[57] As políticas públicas seguem o mesmo movimento,

---

55 Gucher, 1998.

56 Segundo Singly (2003:14).

57 Ibid., p. 191-192.

aquelas voltadas para a inserção social dos grupos marginalizados incorporaram a noção de vínculo social como expressão de cidadania, questão que perpassa esse livro.

Voltemos à municipalidade de Verrières, que após aplicar os decretos governamentais e implantar as atividades básicas de assistência social, se contentou apenas em distribuir algumas ajudas individuais, sem promover realmente um programa amplo de inserção social. Segundo o prefeito,

> há tudo que é necessário para permitir que eles fiquem, o maior tempo possível, vivendo em suas casas: os cuidados médicos, as atendentes de domicílio, as refeições... Damos toda a assistência de que necessitam; muitas vezes, eles têm compras para fazer e então enviamos, duas vezes por semana, uma caminhonete para levá-los ao grande supermercado. Quando eles têm questões para resolver na prefeitura, no banco etc., as assistentes domiciliares os acompanham. São pequenas coisas, mas não são suficientes e será preciso estar muito mais presente.

Em Verrières, a população de 60 anos e mais, de baixa renda, decresceu bastante ao longo dos anos:[58] o que é confirmado pela diminuição do número de demandas de complementação financeira da aposentadoria, às quais somente têm direito as pessoas de 60 anos e mais que possuem rendimento mensal inferior ao SMIC.[59] Em 1996, cinco pessoas recebiam esse benefício, em 1999 elas eram somente três. Podemos indagar, entretanto, se esta situação reflete uma melhoria

---

[58] O preço de venda e aluguel dos imóveis é extremamente elevado e são poucas as empresas que empregam mão-de-obra pouco qualificada. Além disso, a maioria dos antigos operários agrícolas faleceu. Estes são fatores que contribuem para a elevação do nível de vida da população local.

[59] Salário mínimo interprofissional de crescimento, que, ao contrário do brasileiro, permite a sobrevivência precária, mas decente, daqueles que o recebem. Em 1999 equivalia a €1.049,11 e em 2003 a €1.215,11. Há que considerar e somar às inúmeras estruturas públicas de atendimento à educação/reciclagem, moradia e saúde.

das condições de vida ou se, como apontou a atual diretora do CCAS, "não seria por falta de informação das pessoas". Tudo indica que o medo de ter que doar a moradia[60] para o Estado, em troca da complementação da aposentadoria,[61] leva as pessoas a renunciarem ao Fundo Nacional de Solidariedade[62] porque "depois da minha morte, o Estado fica com ela. No CCAS não entro de jeito nenhum", diz a sra. Raymonde. O balanço social do CCAS de 1996 foi um dos últimos que apresentou um número razoável de demandas de apoio financeiro; a partir de então as solicitações das pessoas de mais idade foram diminuindo pouco a pouco: em 1999, não foi registrado nenhum pedido de "apoio para viajar" destinado às pessoas que se beneficiam da complementação da aposentadoria, nem pedidos de ajuda para pagar as contas de "água-gás-luz" ou combustível para o aquecimento no inverno; somente dois pedidos para o Natal dos mais velhos. De fato, observamos que, ainda que a Coordenação Gerontológica afirme querer "melhor identificar as necessidades dessa população", ela tem apenas uma noção muito tênue de quem são essas pessoas e onde está a população idosa desprovida. Não é por acaso que os técnicos da coordenação se dirigem automaticamente — e também nos encaminhavam — à Coordenação de Ajuda aos Anciãos de Verrières,[63] esta sim com melhor conhecimento sobre essa população.

---

[60] O fato de ser proprietário de uma casa não significa ter uma remuneração elevada. Entre os proprietários encontramos antigos operários da agricultura ou da indústria que têm casas grandes e modestas e dificuldades para mantê-las.

[61] A ajuda social para sobrevivência e moradia implica a doação do patrimônio ao governo, é a "recuperação por sucessão".

[62] Em 1956, foram criados o salário mínimo da velhice (*minimum vieillesse*) e o Fundo Nacional de Solidariedade (FNS), uma pensão (*allocation*) não-tributável que permite complementar a aposentadoria de toda pessoa com 65 anos ou mais, pertencendo a uma família de baixa renda.

[63] Associação 1901 criada há 25 anos para ajudar financeiramente as pessoas mais desfavorecidas.

A maioria das pessoas de mais de 60 anos que solicita os serviços sociais do CCAS[64] dispõe de uma renda mensal média de €915 e €1.220. O serviço de atendimento doméstico é o mais solicitado, em seguida estão os serviços de enfermagem em domicílio, a entrega de refeições no domicílio[65] e o acompanhamento para atividades diversas. Porém, o gráfico de evolução do número de horas trabalhadas no âmbito desse serviço assim como o das receitas/pagamentos indica que este benefício social foi muito solicitado em 1990 e aos poucos foi diminuindo consideravelmente.

A missão principal do CCAS é executar as decisões da política social local. Seus técnicos não vão ao encontro das pessoas em dificuldade; ao contrário, esperam que elas ou suas famílias venham bater em suas portas. "A gente faz um dossiê das pessoas que vêm e solicitam para suas mães, tias, enfim, seus parentes. Então dizemos o que podemos oferecer, primeiro os serviços das atendentes domiciliares, o serviço de entrega de refeições no domicílio e o serviço de teleassistência",[66] informa a responsável pelo serviço para idosos do CCAS.

Isso explica o número relativamente reduzido de demandas se compararmos ao total da população com mais de 60 anos. Na verdade, o CCAS se apóia fundamentalmente nas ações da Coordenação de Ajuda aos Anciãos de Verrières, criada com o objetivo filantrópico de distribuir combustível ou carvão para o inverno e caixas de alimentos e guloseimas. Hoje, ela apóia aproximadamente 40 pessoas com mais de 75 anos que vivem precariamente em suas próprias moradias, sozi-

---

64 Eles não são gratuitos. Alguns são financiados parcialmente pelo departamento, outros pelas caixas de aposentadoria e pelo seguro-doença, pois os beneficiários pagam uma contribuição indexada sobre os rendimentos.

65 Serviço público de entrega de refeições, duas vezes ao dia, para pessoas que não têm condições físicas de preparar seus alimentos. Abordaremos esta questão adiante.

66 Instalação de sistema de alarme via telefone que permite a comunicação com uma central de serviços ou com a direção da casa de repouso, se for o caso, que providencia a assistência emergencial solicitada.

nhas e isoladas e que, muitas vezes, não vêm à prefeitura "porque são pessoas que não querem se cadastrar nas ações sociais municipais, pessoas que tentam se virar com o que têm", diz a diretora da Coordenação de Ajuda aos Anciãos. Essa associação se mantém com uma subvenção municipal, mas, também, graças ao apoio da população católica. A coleta feita pela igreja nas missas e junto às "freiras brancas"[67] é importante fonte de financiamento, ressalta a diretora:

> Hoje, trabalhamos de outra maneira, damos sempre uma ajuda para a calefação a umas 30 pessoas, através de um cheque (...), fazemos pequenos empréstimos para a compra de óculos, de bengalas, de pequenas coisas. E fazemos um lanche mensal, mas só para as pessoas que vivem em suas casas.

Se por um lado houve uma queda significativa nos pedidos de ajuda endereçados ao CCAS, por outro, as demandas desse grupo etário para participar das atividades de sociabilidade para a terceira idade, como o almoço de Natal, os chás-dançantes mensais, os passeios, as conferências e a ginástica, aumentaram. A Coordenação Gerontológica "não se investiu de todos os instrumentos e se interessa muito mais pelas animações para a terceira idade. Ela administra essas coisas e, particularmente, a programação da Semana dos Idosos que acontece no mês de outubro", confessa a diretora do CCAS. Mas, se os outros serviços "não vão adiante" talvez seja em razão da ausência de um orçamento fixo destinado à Coordenação Gerontológica ou ao Serviço para Idosos. Sem orçamento próprio, o CCAS é obrigado a responder às demandas caso a caso, "atividade por atividade" e está sempre deficitário. Apesar de "todos os serviços serem deficitários, como a entrega de refeições no domicílio e o serviço de atendimento domiciliar, representa hoje um déficit de €76.300 disperso no orçamento do município", diz a diretora do CCAS; é bem provável que as atividades ligadas à sociabilidade sejam mais favorecidas que o atendimento às necessidades das pessoas mais carentes.

---

[67] Assim conhecidas porque são religiosas francesas que trabalharam na África e que, aposentadas, vieram para a casa de repouso que lhes é reservada em Verrières, a Casa St. Charles.

3. Envelhecimento e novas tecnologias

As "novas tecnologias" sempre estiveram associadas à modernidade e, portanto, ao novo/recente/juventude, contrastando com o velho/antigo/velhice. No imaginário social, tudo acontece como se existisse uma incompatibilidade entre novidade e velhice. Vários estudos sobre o desenvolvimento das situações de interação entre pessoas de mais idade e objetos tecnológicos — em termos de necessidades e adaptações — têm analisado o lugar simbólico que ocupa a idade no discurso sobre o uso das novas tecnologias.

Nessa pesquisa, decidimos não apresentar uma lista dos objetos suscetíveis de pertencer à categoria das "novas tecnologias", mas deixar para as pessoas entrevistadas o cuidado de designar espontaneamente os objetos que, de seu ponto de vista, consideravam como tal. Tratava-se de não determinar o "novo" para não interferir ou impor *a priori* os objetos comumente considerados como pertencentes às "novas tecnologias". Percebemos que a categoria "objeto tecnológico" não é tão mais evidente do que a "idosos", visto que a lista de objetos citados pelas pessoas entrevistadas era extremamente heterogênea. Uma senhora incluiu entre os seus pertences tecnológicos a lixeira com pedal que acabara de adquirir, para provar ao filho que "já sou um pouco moderna". Outra afirmou que o forno de microondas "não é bem uma nova tecnologia, é só um aperfeiçoamento, porque o princípio é o mesmo: serve para esquentar". Constatamos ainda que diversas pessoas associavam o termo "novas tecnologias" exclusivamente ao computador, instituído como o objeto emblemático da modernidade. Isto é reforçado pelo argumento de Salomon (1992:77), para quem "a tecnologia está associada a engenheiros e técnicos no sentido moderno do termo — com recurso à matemática e à teoria científica para a solução dos problemas técnicos". Assim, a noção de "novas tecnologias" não deixa de ser problemática, pois remete implicitamente à questão da inovação, noção esta que a antropologia e a sociologia das ciências e das técnicas muito exploraram, ao longo das últimas décadas, na França.

Foram, assim, consideradas as diferentes condições de acesso às tecnologias:

- acesso por pressão social, forçado pelo desenvolvimento das tecnologias que interessam ao conjunto da sociedade e que se impõem aos indivíduos — eletrodomésticos, caixas eletrônicos;
- acesso voluntário, porque o dispositivo tecnológico atende às necessidades das pessoas com mais de 60 anos — serviços de suporte técnico como o telealarme — ou porque elas buscam espontaneamente para conhecer e utilizar as tecnologias recentes — cursos de vídeo, de computação.

Entretanto, o acesso nunca é totalmente livre nem totalmente forçado. Pois, como certas pessoas apontaram "hoje, não posso me imaginar vivendo sem..." geladeira, máquina de lavar, televisão e até microondas. Esta impossibilidade de conceber a própria existência fora do quadro tecnológico ordinário mostra bem que certas práticas de consumo constituem normas sociais, cuja recusa aparece implicitamente como um indicador de marginalidade. Situação difícil de assumir, principalmente para quem tem mais de 60 anos e busca, ao contrário, vínculos sociais quando se aposenta.

As tecnologias de automatização da vida pública e privada

Nesta seção veremos as tecnologias que surgiram com a automatização da vida pública, e também as vinculadas à vida privada, ou seja, todos os bens, coletivos e privados, aos quais as pessoas envelhecidas têm acesso como qualquer outro indivíduo da sociedade. Estes objetos têm em comum uma característica prescritiva ligada à sua ampla difusão no conjunto do corpo social. O grau de injunção varia em função da difusão do objeto técnico, de seu espectro de utilização.

Quando a utilização de um objeto se generaliza para toda a sociedade ou para um determinado grupo social, torna-se impossível rejeitá-lo completamente, pois ele se transforma em um produtor de hábitos e valores, se inscrevendo na cultura do grupo e, portanto, imprescindível. O discurso técnico não é somente enunciativo, mas igualmente formado de referências às quais o indivíduo acaba cedendo para permanecer no grupo a que pertence. Assim, a difusão de uma técnica não é inerente a uma necessidade natural e sim vinculada a uma exigência social; os objetos mais difundidos são os que apresentam uma dimensão normativa mais manifesta.

Como afirma Schwach (1992:103), não se trata de opor os dispositivos automáticos da esfera pública, caracterizada pela imposição do uso dos seus equipamentos a todos os indivíduos, aos objetos técnicos do cotidiano que são de livre escolha, pois os indivíduos têm a possibilidade de exercer o livre-arbítrio, decidindo se querem ou não utilizar tal produto. O exemplo do telefone é perfeito. Hoje, na França, praticamente todos os domicílios possuem telefone e a sociabilidade foi profundamente transformada pelos efeitos de sua difusão generalizada. As visitas espontâneas e a arte de escrever cartas e cartões são práticas que foram totalmente transformadas e estão em processo de desaparecimento. As pessoas se correspondem cada vez menos por cartas, preferindo "dar um telefonema" e as visitas espontâneas, aquelas de passagem e sem aviso prévio são, agora, prevenidas por telefone quando não são totalmente substituídas pelas "visitas telefônicas". Conseqüentemente, não possuir um telefone é correr o risco do isolamento social. Sobre essa questão, Schwach (1992:105) constata que "a instalação de uma técnica se tornou legítima, evidente e percebida como praticamente obrigatória". Desse modo, se a sociedade desenvolve uma determinada técnica, esta por sua vez pode provocar mudanças nos comportamentos sociais.

Se ficarmos no grupo que nos interessa, as pessoas de mais de 60 anos, podemos constatar que, de um lado, elas foram relativamente numerosas a se mostrar receptivas aos caixas eletrônicos e a se apropriar de cartões bancários e de crédito. De outro, elas vivem, como qualquer indivíduo de nossa sociedade, uma forte pressão social para adquirir os mais recentes objetos técnicos, principalmente eletrodomésticos, do cotidiano.

Sobre isso, podemos nos reportar aos numerosos estudos que revelaram os comportamentos consumistas dos diferentes grupos etários: os códigos de consumo dos adolescentes, principalmente, no que concerne ao vestuário e às tecnologias de comunicação, de informação e sonora; a parafernália de eletrodomésticos, de equipamentos audiovisuais e de informática que decora as moradias dos jovens casais etc. As pessoas de mais idade que entrevistamos estão, igualmente, sensíveis ao consenso consumista no qual estão inseridas.

Os terminais eletrônicos

O terciário e o público, os dois setores a que pertencem, respectivamente, a rede bancária e os Correios, passaram por consideráveis transformações ao longo da década de 1990. Se antes eram totalmente distintos, à medida que o primeiro estava vinculado à iniciativa privada e o segundo ao serviço público francês, nos anos 1990 eles penderam sensivelmente a propostas e dinâmicas semelhantes. Os Correios foram obrigados a transformar seus parâmetros para se tornar uma empresa pública competitiva,[68] enquanto o banco procurou modificar

---

[68] Na França, os Correios também atuam como instituição bancária.

sua imagem e, agora, mantém um discurso semelhante ao do serviço público. Diferente de outras empresas privadas, a rede bancária insiste na noção de serviço para o público, procurando transmitir um conjunto de valores socialmente inscritos no poder/serviço público. Os Correios administram contas bancárias (financiamentos, empréstimos etc.) enquanto cumprem sua missão de serviço público postal; o banco oferece serviços sem jamais se distanciar de sua vocação financeira.

Recentemente, essas duas empresas implantaram a automatização de certos serviços e as agências bancárias e postais de Verrières foram equipadas com terminais eletrônicos que fornecem todas as informações e produtos solicitados: uns distribuem dinheiro, saldos e cheques, e outros fornecem selos. Há os que trocam moedas, que fazem fotocópias e um *minitel*.[69] Interessava-nos descobrir que diretrizes ou atenção essas empresas mostravam para com as pessoas de mais idade, através de como implantavam a automatização de grande parte dos seus serviços. E, também, observar como os usuários de mais idade[70] se adaptavam a esses equipamentos.

Representações da velhice e estratégias das empresas

Sobre a agência bancária

A agência bancária onde fizemos a pesquisa[71] foi reformada em 1998. A supressão dos cofres de estocagem de grandes somas de di-

---

[69] O minitel é um serviço da empresa telefônica francesa e foi popularizado muito antes do computador. É disponibilizado para uso doméstico ou comercial e funciona como um anuário telefônico eletrônico, permitindo a troca de informações com os assinantes comerciais. Por exemplo, procurar o endereço de fulano, consultar horários de trens e vôos e reservar passagens.

[70] Segundo Gucher (1998a:36), "A noção de usuário aparece com o desenvolvimento da administração de serviços. Os decretos governamentais que instituem, em 1985, os conselhos deliberativos nas instituições onde vivem as pessoas de mais idade, introduzem esta noção. É passar do estatuto de 'submisso passivo' ao de usuário, o que implica ser sujeito, ator".

[71] Verrières não tem muitas instituições bancárias, por isso não identificamos a agência onde pesquisamos.

nheiro permitiu a eliminação dos mecanismos de segurança (porta giratória), fazendo com que a clientela passasse a ter acesso livre e direto aos caixas automáticos, sem nenhum constrangimento, como os alarmes. Tratava-se de aliar convivialidade e fluidez de circulação, reorganizando a distribuição do espaço, eliminando as paredes ou divisórias entre os equipamentos automáticos e os agentes bancários. O segundo objetivo, permitir a ampliação do horário de livre atendimento dos serviços bancários (das 6h às 22h), cuja operacionalização era efetuada anteriormente só nos horários de trabalho[72] ou nos caixas automáticos externos, na rua. O espaço para atendimento ao público foi dividido em três zonas:

- uma zona chamada Serviço Plus — grande *hall* revestido de vários caixas automáticos com funções específicas;
- a "zona de recepção", localizada ao lado dos caixas automáticos — é um espaço transitório, pensado por um banco que quer ser reconhecido como um "banco acolhedor"; na verdade, trata-se do que antes era o guichê de recepção;
- uma "zona de consulta", situada no fundo e atrás das zonas de serviço e recepção — lá ficam os gerentes de conta, que aconselham e fazem as múltiplas operações financeiras solicitadas pela clientela.

Ou seja, um projeto que se diz "acolhedor", para prestar "serviço" ao público, mas cuja reestruturação diminuiu consideravelmente as relações humanas entre a clientela e o agente bancário. Será que ao desenvolver esse "novo" conceito de agência, a empresa bancária se questionou sobre a reação dos clientes e sua adaptação aos caixas automáticos? Será que considerou as diferentes categorias de usuário que apresentam características específicas? Não há ambigüidade na resposta dos criadores desse novo modelo de agência às nossas interrogações:

---

[72] Em geral, as agências bancárias francesas fecham para o atendimento público no período do almoço. Somente os caixas automáticos ficam disponíveis.

> Se tivéssemos feito um estudo seguindo a *démarche* clássica, teríamos começado em 1994 e até agora ainda estaríamos estudando! Nós procuramos empregar uma abordagem bastante pragmática das coisas: fizemos uma sondagem global sobre satisfação, com todo tipo de clientela, pensamos num mínimo e assim fizemos.

Para esse técnico, que pertence à nova geração de executivos do mundo financeiro, o grupo de usuários não se divide em vários subgrupos, cada qual com suas necessidades e demandas diferenciadas: os "clientes" são uma população homogênea cuja atitude para com os terminais automáticos seria primeiramente de rejeição, esta rapidamente vencida. Ele resume sua idéia em uma frase lapidar: "No começo, eles são 60% contra os automatismos e, agora que usam, são 80% a favor, acham até genial".

Como diz esse idealizador, a sondagem foi realizada por especialistas em marketing e não identificou as pessoas com mais de 60 anos como um grupo de usuários que seria importante interrogar sobre suas necessidades específicas. A razão de não terem levado em conta a clientela de mais idade na concepção do novo dispositivo — pelo menos na explicitação dos métodos empregados na pesquisa de mercado e os testes realizados junto à clientela — se deve ao fato de que esses idealizadores apostavam no desaparecimento inelutável dos clientes mais idosos, resistentes ao uso dos caixas automáticos, e sua substituição paulatina por uma nova geração totalmente familiarizada com as novas tecnologias difundidas nos mais diversos setores de trabalho, e que penetram maciçamente no espaço doméstico. Ou seja, julgam que se trata muito mais de um efeito de geração[73] do que de um efeito de

---

[73] O efeito de geração caracteriza a articulação de biografias singulares com a história social operada por esses atores. Ou seja, os indivíduos que pertencem a uma geração, que viveram uma experiência comum, ao longo de determinado período, e que se traduz por representações e práticas. Por exemplo, a geração de 68, a geração pós-guerra, a geração de 64, geração *hippie* etc. Processo ligado à consciência de pertencer a uma geração e também à representação que a sociedade lhe atribui e que marca sua história de vida. Ver Attias-Donfut (1991).

idade pois, para eles, os "idosos" serão progressivamente substituídos pelos seniores, já que estes estarão mais adaptados aos novos usos tecnológicos. Além disso, a percepção do principal idealizador desse projeto consiste em apelar para o que ele chama de "vivência", ou seja, a experiência cotidiana dos agentes bancários e a sua própria justificam suas escolhas.

A realidade contemporânea imprime sua lógica na estratégia da empresa: hoje, é impossível "para as operações sem muito retorno, fazerem um investimento no humano". Na sua vontade de nos fazer entender o que ambiciona com esse novo conceito de agência, esse mesmo técnico acabou cometendo um ato falho revelador: "É a transição, abrir espaços, ir ao encontro do dinheiro... desculpe-me, das pessoas".[74]

Anteriormente, as operações que se efetuavam no balcão eram intermediadas por um agente bancário e nem sempre rentáveis. Doravante, elas devem ser realizadas pelos caixas automáticos, menos custosos que os homens, liberando-os das tarefas não-produtivas e permitindo que se dediquem plenamente às atividades comerciais. A desumanização da maior parte das operações não-rentáveis se traduz — e só é paradoxal na aparência — pela antropomorfização das funções. Usam o termo "serviços" para designar os terminais automáticos. "Não se trata da automatização, da externalização, ao contrário! Se tem uma expressão que eu aboli é terminal automático", declara sem pestanejar, o idealizador das agências automatizadas, que insiste no esforço da empresa para criar um ambiente acolhedor. Da mesma maneira, a recepção será transformada nesse espaço-tampão aberto e fluido que separa a zona de serviços da zona de conselhos, cuja reestruturação pode ser tudo, menos acolhedora. Espaço frio, funcional: tudo está previsto para que o cliente não demore muito na zona de serviços somente o tempo necessário para efetuar as suas operações — não há mesa nem cadeiras, apenas um balcão estreito para preencher os che-

---

[74] Infelizmente a tradução para o português não precisa o significado do ato falho.

ques e envelopes e dois guichês no fundo onde ficam os agentes. "Em pé", assinala insistentemente nosso entrevistado. Pois, "de pé" se pode "perfeitamente atender o cliente", mostrando com esta postura que a relação comercial não deve se prolongar.

Sem dúvida, esta transformação do espaço bancário pretende dar maior fluidez na circulação da clientela e faz parte de uma estratégia de mercado da empresa, na qual as pessoas de mais idade são um empecilho, um estorvo nesta relação comercial automatizada e em plena aceleração. Mais do que isso, esta rede bancária estuda a possibilidade de incluir "pontos da bolsa de valores" em suas agências para atender clientes mais abonados, muitos deles aposentados. Os agentes bancários temem, contudo, que este seja mais um "ponto de distração" do que de investimento, pois "em relação a esta população que tem tempo disponível, não podemos deixar que aqui vire um salão onde podem ficar duas horas! Basta colocar máquina de distribuição de refrigerantes, bebedouro, uma mesa e está pronta a festa! É até normal, eles têm tempo livre". Serviço, recepção, conselho são termos que evocam a convivialidade e acentuam a relação humana, mas que objetivam somente uma estratégia de otimização da eficiência comercial. A empresa distingue — apesar da realidade etária — duas categorias de indivíduos: o sênior, que pertence ao grupo homogêneo dos clientes reconhecidos como potenciais investidores, e as pessoas de mais idade sobre as quais ela dirá que "poluem", um termo particularmente violento que convém explicitar.

O fator tempo é um componente essencial da lógica empresarial. "O que queremos fazer é o jogo ganhador-ganhador. Eles ganham tempo, eu também ganho e este tempo dou de volta a eles", explica o gerente da agência de Verrières. As pessoas de idade "poluem" no sentido de que são representadas como um elemento exterior que se insere num mundo pensado como um ecossistema e no seio do qual elas provocam um desequilíbrio: "Eles poluem porque têm tempo livre. Depois que toda a curiosidade acaba, quando eles vão ao caixa eletrônico ficam lá distraídos e nem se tocam se atrás deles tem gente".

Assim, enquanto o "idoso" é aquele para quem o tempo não tem o mesmo valor atribuído pelo agente bancário e que perde seu tempo em vez de administrá-lo, o sênior é objeto de um discurso valorizado. Esta imagem positiva só tem significado se referida a um plano mais amplo da sociedade. Retornaremos a esse ponto mais adiante para mostrar como esta representação não necessariamente coincide com a realidade.

Podemos representar esses dois atores através de uma descrição paradigmática de seus deslocamentos na agência.[75] As pessoas de mais idade entravariam a circulação no espaço e no tempo, pois diante dos caixas eletrônicos elas promoveriam uma lentidão no atendimento automático, seja porque elas pouco dominam sua manipulação, seja porque, ao solicitar um talão de cheques, por exemplo, decidem que vão aproveitar e pedir também um extrato. Da mesma maneira, elas se dirigiriam ao balcão para solicitar ao agente bancário uma operação que os caixas eletrônicos estariam aptos a fazer. Ou seja, para a nova concepção de administração bancária, as pessoas de idade freariam a ação comercial que é pensada em termos de movimento e de crédito, mas não de débito.[76] Já os seniores, no imaginário desses idealizadores de estrutura bancária, ao contrário dos "idosos", entrariam na agência e se dirigiriam imediatamente aos terminais automáticos e efetuariam rapidamente as operações sem a mediação dos funcionários. Suas atitudes combinariam com a racionalidade do uso tal como a concebem seus idealizadores e se adaptariam à fluidez da troca comercial.

Não se pode, contudo, pensar que os agentes bancários aplicam esta lógica mercantil cegamente. Primeiro, porque eles não são uma comunidade homogênea no que concerne à aceitação absoluta e à interiorização dos objetivos da empresa. Segundo, porque como in-

---

[75] Uma análise do discurso sobre a dialética em pé/sentado, ganho/perda de tempo, sênior/idoso, poderia ser mais aprofundada, mas esta não é a intenção deste livro.

[76] As semelhanças observadas entre as representações dos criadores da agência automatizada e aquelas estudadas por Chevrier (1999) sobre o metrô VAL (sistema automático de condução segura, pontual etc.) convidam à reflexão sobre o sistema de valores ligados aos objetos técnicos contemporâneos.

divíduos eles conciliam esta lógica com a realidade cotidiana que lhe resiste. O autor deste "conceito" foi levado a integrar essa realidade e os responsáveis da agência devem considerá-la exercício cotidiano de suas funções, pois, como afirma o sr. René: "Existe uma distância entre o que se quer e a realidade que se tem". É esta distância que os leva a operar ajustamentos permanentes entre os objetivos inicialmente propostos e a prática efetiva. Desse modo, a alternativa do caixa eletrônico é apresentada como uma escolha proposta ao cliente — "relativa, claro" —, principalmente às pessoas envelhecidas. Para os idealizadores do sistema, a distância será reduzida progressivamente e desaparecerá com o efeito de geração. Eles consideram que, para estes mesmos grupos etários, a próxima geração de seniores estará familiarizada com os caixas eletrônicos e, assim, perfeitamente adaptada ao novo conceito de agência bancária.

Em Verrières, o gerente da agência atribui o lugar privilegiado acordado às relações humanas à especificidade do município: a alta taxa de pessoas com mais de 60 anos. Seu discurso e a observação das práticas da clientela de mais idade revelaram a existência de um verdadeiro hiato entre a representação positiva dos seniores e a realidade de seus comportamentos diante dos caixas eletrônicos. Tudo leva a crer que sênior é uma categoria ideológica, cujo comportamento que lhe é atribuído e que comanda a política do banco não corresponde à sua prática bancária: eles se recusam a utilizar os caixas automáticos! E, de fato, alguns funcionários afirmaram que os seniores *verriérois* estão habituados, tanto na vida privada quanto na profissional, a delegar tarefas, ou seja, a se fazer servir:

> Por exemplo, a sra. X ou o sr. Y tinham o hábito, quando vinham ao banco, de dar o cheque para ser descontado (...). Os executivos têm com a gente esta relação servil antiga e para eles é muito degradante fazer as operações; eles dizem que trabalhamos com o dinheiro deles e ainda queremos fazê-los trabalhar no nosso lugar.

Esta clientela mais favorecida espera um serviço que estima pagar ao confiar a gestão de seus bens ao banco.[77] Ou seja, ainda que a maioria deles tenha um cartão bancário e o utilize sistematicamente, quando estão na agência solicitam aos funcionários que executem suas operações bancárias, procurando se esquivar dos caixas eletrônicos através de diversos estratagemas. Observamos diversas pessoas apresentar cheques nos caixas para serem descontados, como se não soubessem usar o minicartão eletrônico.[78] Como constatou o sr. Daniel, funcionário do banco, "alguns têm computador em casa, mas não querem saber dos caixas automáticos". Nessas situações, o funcionário acompanha o cliente aos caixas e, em geral, nem perde tempo para explicar o funcionamento — o que lhe demandaria um certo esforço pedagógico, pois sabe que a não-utilização do cartão não é por falta de conhecimento de como proceder, mas uma forma de se fazer servir.

Para otimizar as taxas de utilização dos caixas eletrônicos, os funcionários do banco receberam ordens de não fornecer extrato bancário nem descontar cheques nos caixas. Somente os caixas automáticos, disponibilizados para cada operação, podem fornecer os documentos solicitados. Uma das estratégias mais empregadas por essa clientela consiste em "esquecer" o código bancário (de seis números) que permite operacionalizar as demandas. Assim, a sra. Françoise, 72 anos, ex-comerciante, esquece freqüentemente seu código de seis dígitos, mas sabe de cor o número da sua conta bancária, que tem 11 dígitos. Solicitar a "relembrança" do código pode ser tecnicamente possível, através dos computadores disponíveis no balcão, mas sob o pretexto de elaborar estatísticas, a direção da agência verifica na verdade se são os

---

[77] As entrevistas revelam que a maioria dos indivíduos que justificam a recusa do cartão eletrônico porque ele é taxado e não é gratuito encontra-se na categoria "profissionais de nível superior".

[78] Há dois tipos de cartão eletrônico: um serve para as operações ordinárias e como cartão de crédito, o outro é cartão-jetom, que só pode ser usado uma única vez. O cliente o recebe em troca do valor do cheque que pretende descontar e retira no caixa eletrônico. Desse modo, o agente bancário não tem acesso ao dinheiro líquido.

funcionários que fazem as operações nos caixas eletrônicos no lugar dos clientes. Em face da atitude da sra. Françoise, o funcionário se torna seu cúmplice ao efetuar a operação em um computador do espaço Conselho, satisfazendo assim sua cliente sem que a operação seja contabilizada.[79]

Os "idosos" são assim percebidos pelos funcionários de maneira contraditória: tanto são estigmatizados por sua propensão a frear o fluxo comercial, confrontando-se com a dinâmica da automatização da agência, quanto são objeto de elogios no que concerne à sua facilidade de adaptação. Este entusiasmo, no entanto, não deve criar ilusões: a conotação cordial dos propósitos é testemunha da complexidade de uma representação que oscila sem parar, como veremos adiante, entre uma tendência miserabilista e outra paternalista.

Jamais abertamente anunciado, mas sempre subentendido, o fator socioeconômico parece desempenhar um papel fundamental. A categoria sênior corresponde, certamente, a uma camada abastada da população, aquela que dispõe de um poder de compra elevado e que representa uma clientela potencial para as diversas aplicações bancárias. Inversamente, o "idoso" se encontra entre a clientela popular, de remuneração modesta, aquela que os operadores econômicos não atingem porque não representa um mercado tão atrativo quanto o dos seniores. Há, assim, uma correlação entre categoria social e capacidade de adaptação aos objetos técnicos, como os caixas eletrônicos. Como os seniores *verriérois* pertencem às camadas médias superiores, eles não são favoráveis à automatização do atendimento. Não é por acaso, portanto, que a agência local apresenta uma taxa de humanização dos seus serviços mais elevada do que outras agências dessa rede bancária. Inversamente, é nos bairros populares e rurais de outros municípios fran-

---

[79] Quando o cliente efetua uma operação, no caixa ou no terminal eletrônico, os agentes vêem aparecer no computador, dissimulado atrás do balcão, várias informações sobre o cliente: nome, produtos bancários que usa mas, também, seu "grau de risco e rentabilidade" (*Les Echos*, 8 fev. 1999).

ceses que a automatização parece ser mais aceita. Diz um funcionário da agência de Vérrières:

> No Finistère [na Bretanha], a agência que apresenta a melhor taxa de automatização fica na área rural. Já estive em Drancy, Saint-Denis, Montreuil [municípios da região parisiense] (...) e não encontrei uma só pessoa que dissesse "dessas coisas, não quero saber".

Por que razões a clientela popular, por vezes pouco familiarizada com o uso de uma nova geração de objetos técnicos, é mais receptiva? Tudo leva a crer que este *savoir-faire* é visto pela pessoa envelhecida como extremamente valorativo, já que tal objeto é valorizado pela sociedade, não saber manuseá-lo é arriscar ser desqualificado e marginalizado. Eles criam, assim, estratégias de uso que respondem a uma representação positiva. Por exemplo, enquanto não sabem usar os caixas eletrônicos, preferem usá-los fora do horário de expediente para que ninguém testemunhe suas hesitações e erros; já aptos a manipular os aparelhos, eles vêm nas horas de maior movimento para mostrar que estão integrados aos automatismos. Mas há também aqueles que procuram se familiarizar com os instrumentos caros às jovens gerações para estabelecer elos com seus próximos. É o caso de uma senhora que ficou entusiasmada diante de um caixa eletrônico enquanto o funcionário lhe explicava o funcionamento: "Meu neto brinca com isso [comparou com um computador], meu filho trabalha com isso e eu, agora, vou lhes dizer que também sei fazer". Para estes, é mais importante mostrar à rede familiar e aos pares que o avançar da idade não separa inexoravelmente o indivíduo da sociedade. Neste caso, os objetos técnicos que simbolizam a modernidade aparecem como verdadeiros mediadores geracionais.

A análise das práticas e dos discursos permite entender que a relação entre a pessoa envelhecida e os terminais automáticos é percebida paradoxalmente pelas instituições bancárias. Pois elas são comparadas cotidianamente aos seniores, que se recusam a utilizar um instrumento que não corresponde à noção de serviço bancário que eles têm, mesmo que saibam usá-lo, e aos "idosos", que usam estes objetos como meio de integração social, neutralizando sua eficácia técnica. Nos dois casos, a lógica técnico-econômica é superada por uma lógica social que, no final das contas, é a que prevalece.

Contudo, se esta é uma tendência significativa, ela não é exclusiva. Encontramos, de fato, seniores que não demandam a prestação de serviços e não hesitam em usar os caixas eletrônicos, da mesma forma que encontramos "idosos" que preferem o atendimento pessoal.

Sobre a agência dos Correios

No início deste capítulo, abordamos o fenômeno da homogeneização dos discursos proferidos pelos agentes dos Correios, uma empresa pública que deve conciliar rentabilidade e serviços, e pela instituição bancária que compensa a automatização crescente de seus serviços por uma proposta que privilegia as noções de relação e serviço.

A instalação de terminais eletrônicos faz parte desta nova política dos Correios, estimulada por uma lógica sensivelmente idêntica àquela que acabamos de expor sobre a instituição bancária: trata-se de executar operações por meio dos terminais automáticos, sem nenhum valor agregado, de maneira a permitir aos agentes uma dedicação maior às operações postais e financeiras, mais lucrativas para a empresa. Todavia, diferentemente do banco, para o qual a automatização implica uma reestruturação radical do espaço, os Correios preferiram proceder por etapas.

O espaço da agência dos Correios de Verrières é extremamente reduzido e está em curso um projeto de reestruturação para integrar os terminais eletrônicos. Estes estão confinados num canto da sala, à direita da entrada. Em menos de $10m^2$, encontramos uma máquina de distribuição de selos, um terminal eletrônico para postagem, um *minitel*, uma máquina de xerox e um balcão de recepção.[80] Isolados em um

---

80 O Correio tem dois tipos de cartão bancário: um cartão eletrônico com código (CCP) que também serve como cartão de crédito (*carte bleue*, cujos pagamentos são realizados no final do mês e não há parcelamento, como no Brasil) e pode ser utilizado em qualquer caixa eletrônico; e outro cartão eletrônico (CNE) que tem duas modalidades — com e sem código — e que só pode ser usado nas agências postais. O caixa automático do Correio (para retirada de dinheiro, saldos etc.) fica do lado externo da agência.

canto da sala, eles são pouco visíveis e o espaço estreito não facilita a circulação dos clientes. Entre as pessoas de mais idade que entrevistamos nos Correios, várias afirmaram não ter percebido a presença "das máquinas".

A noção de serviço é ainda muito forte devido ao seu estatuto de empresa pública e, provavelmente, à pressão dos funcionários que estão fortemente organizados em sindicatos. Além disso, os usuários com mais de 60 anos ainda não são reconhecidos como seniores. Os termos "idoso" e "cliente de idade" designam a clientela de mais idade. Ainda que não exista, da parte da direção dos Correios, uma política ou serviços específicos para a sua clientela de mais idade, a agência de Verrières disponibilizou uma mesa com duas cadeiras, enquanto a agência bancária recusa esse tipo de concessão.

Os clientes de mais idade vêm raramente aos Correios para efetuar uma só operação. Em geral, combinam duas ou três: compra de selos ou cartão telefônico, fotocópia, expedição ou retirada de pacotes, retirada de dinheiro, extrato ou talão de cheques etc. Assim, o guichê tradicional atende a todas as suas necessidades combinadas, o que os terminais eletrônicos não fazem.

Comparando com a agência bancária da cidade, a clientela de idade dos Correios parece mais reticente à utilização dos terminais eletrônicos. "Eu prefiro ir direto ao balcão" foi a resposta mais freqüente, ainda que algumas pessoas considerem esses aparelhos "formidáveis", "muito práticos", principalmente porque evitam que se "perca tempo". Para compreender a recusa de alguns, é preciso entender o funcionamento do dispositivo. Em Verrières, como em numerosas outras agências, uma moça foi contratada, no âmbito da política de "emprego-jovem",[81] para exercer a função intermediária entre a clientela e os terminais eletrônicos. Ela deve incentivá-los a usar os novos equipa-

---

[81] Empregamos aqui a expressão "emprego-jovem" para designar a pessoa que desempenha essa função, ainda que seja impróprio para designar um indivíduo. Essa pessoa é chamada assim também pelo pessoal da agência e clientes.

mentos e iniciá-los no "agir técnico"[82] necessário para a utilização dos terminais eletrônicos para postagem e operações bancárias. Contudo, ao invés de ensiná-los a manipular as máquinas de distribuição de selos, prefere realizar as operações para agilizar o atendimento. Assim, sua rapidez e habilidade gestual não permitem ao cliente acompanhar e memorizar as etapas de operacionalização. Nessas condições, ainda que tivessem a intenção de aprender a manipular o aparelho, as pessoas de mais idade acabam convencidas de sua possível incompetência técnica.

Observamos três comportamentos diferenciados entre as pessoas de mais idade:

- a recusa em utilizar — a rejeição traduz o sentimento de ansiedade que experimentam as pessoas de mais idade logo que se vêem diante de um objeto técnico que lhes demanda um *savoir-faire* que não faz parte de sua cultura técnica e que necessita de um aprendizado especializado. O medo de incomodar, de errar, de sentir o olhar irritado dos mais jovens leva à percepção de sua própria lentidão e é um poderoso inibidor, paralisando os indivíduos e reforçando um discurso de rejeição muitas vezes extremamente duro: "Não, isso não me interessa nem um pouco". Há pessoas que, ao invés de declararem sua rejeição, preferem usar artifícios, como uma senhora de 72 anos que diz ter sempre muitas operações para fazer, quando muitas vezes se contenta somente em comprar selos. Ou ainda, o eletricista aposentado (66 anos) que nos afirma nunca ter usado as máquinas de distribuição de selos porque prefere comprar belos selos, "daqueles que encantam os olhos das pessoas. Sempre colo vários selos diferentes. Hoje, comprei o selo do Dia dos Namorados e do novo euro". A rejeição ao caixa eletrônico se deve igualmente ao fato de que as pessoas de mais idade gostam, particularmente, de solicitar que os funcionários efetuem a atualização de

---

82 Tomamos emprestada a noção proposta por Braun e Joerges (1992:81). Por "agir técnico", conceito que os autores entendem "as competências necessárias e que emanam da técnica dos instrumentos".

seus saldos e retiradas no seu *livret A*,[83] podendo assim acompanhar, em tempo real, a movimentação da poupança. Cada operação financeira é anotada na caderneta pelo próprio caixa. O mesmo não acontece com o cartão bancário, cujos lançamentos não são computados imediatamente na conta corrente, obrigando o titular a realizar a contabilidade de suas operações ou aguardar a atualização automática do saldo;

- apelo aos intermediários — estes usuários fazem sistematicamente apelo ao "emprego-jovem", ainda que seu discurso não seja de rejeição. Há pessoas que viveram experiências desagradáveis de aprendizado, como a senhora (65 anos) que diz ter demorado muito tempo para finalizar sua primeira experiência com o terminal automático de postagem e que sua carta nunca chegou ao destinatário. Por isso, aprecia — como os demais — a presença do "emprego-jovem", que evita a perda de tempo na fila de espera do balcão. A diminuição das faculdades visuais pode, igualmente, constituir um freio importante à utilização direta dos terminais automáticos: "É muita instrução só para comprar um selo", reclama um usuário que deve efetuar várias manipulações na tela da máquina de distribuição para enviar uma simples carta;
- uso espontâneo dos terminais, sem mediação — somente os jovens aposentados que não recusam os terminais eletrônicos e tampouco solicitam ajuda de intermediários. Uma vez que aprenderam a manipular, e muitos já faziam uso do *minitel*, eles se sentem familiarizados com as máquinas de distribuição de selos e terminais de postagem, assim como com os caixas eletrônicos. Aliás, a maioria é portadora de cartões de crédito. Muitos conservam ainda de sua vida profissional os valores e comportamentos para "não perder tempo". Contudo, se

---

[83] São as contas de poupança que ainda mantêm o antigo sistema de caderneta de anotação da movimentação bancária. Recentemente, o Correio francês tentou eliminar esse sistema, incluindo-o no sistema automático (cartão eletrônico), mas houve um protesto geral e rejeição da clientela de todo o território nacional.

seus discursos enfatizam a positividade dessas novas tecnologias de postagem e operação bancária, na prática é o oposto, pois, sempre que balcões de atendimento estão livres, raras são as pessoas de 60 anos ou mais que se dirigem aos terminais eletrônicos, preferindo um atendimento pessoal.

Assim, ao contrário do observado na agência bancária, o fator socioeconômico não influencia nos comportamentos diferenciados observados na agência dos Correios. Para todos, qualquer que seja o nível social, a relação com os agentes parece desempenhar um papel muito importante. A recusa ou o pouco uso dos terminais automáticos é sempre acompanhada de um discurso sobre o caráter desumano dessas máquinas. "Nada substituirá o contato humano. Eu não quero ser robotizada: essas máquinas, não", declara enfaticamente uma senhora de 62 anos, ex-aeromoça.

Os estudos sociológicos sobre envelhecimento e tecnologias apresentam, freqüentemente, o uso das tecnologias como um efeito de idade:[84] quanto mais avançamos na idade, menos estaremos interessados pelos novos objetos. Não se trata, contudo, de um efeito de idade, pois, considerando o mesmo grupo etário, são numerosas as pessoas que acham essas máquinas eficazes e economizam o tempo que perderiam nas filas. Como a sra. Suzanne, 82 anos, dona-de-casa e viúva de militar, que integrou rapidamente os automatismos introduzidos pelo Correio. "É formidável! A gente não perde tempo. Eu uso o tempo todo." Indagada sobre o cartão de crédito, "Isso já é coisa antiga, já tenho há muito tempo", e em relação ao código, "Não tem problema, está na minha cabeça, bem guardado por causa dos roubos".

A observação das suas práticas indica que talvez exista um efeito de gênero, pois são os homens de idade que mais recusam os automa-

---

[84] São os efeitos do processo de envelhecimento concomitante com a posição no ciclo de vida e sua duração. O envelhecimento exerce efeitos físicos nos indivíduos; são os efeitos da idade que transformam seu modo de vida, sua posição na família, no grupo social. Ver Attias-Donfut (1991).

tismos postais, enquanto as mulheres de mesma idade os aceitam mais facilmente.

A pessoa envelhecida e os terminais eletrônicos: variantes e constantes

A diminuição das capacidades físicas nas idades mais avançadas, mas também a maneira como cada um assimila seu próprio envelhecimento são fatores decisivos para a adoção ou rejeição dos terminais automáticos. Tanto na agência dos Correios quanto na agência bancária, os usuários de mais idade fazem críticas e/ou demonstram alguma dificuldade para utilizar certos terminais eletrônicos. Entre as deficiências vinculadas à idade, três foram particularmente ressaltadas pelas pessoas entrevistadas: a diminuição da acuidade visual que dificulta a leitura das instruções inscritas nas telas dos terminais eletrônicos; a dificuldade em memorizar o código e os diversos procedimentos de validação; a utilização dos teclados.[85] As dificuldades visuais e de amnésia levam as pessoas de mais idade a se afastarem dos equipamentos automatizados. O fato de estarem expostos em espaços públicos é um agravante. A pessoa de idade que apresenta uma deficiência visual se sente duplamente desconfortável quando utiliza um terminal eletrônico. Primeiro, por conta de sua própria deficiência: um reflexo na tela desses equipamentos, por exemplo, pode impossibilitar a sua utilização, principalmente quando ele se localiza no exterior da agência, onde a luminosidade é, por vezes, muito forte e não permite distinguir as mensagens fixadas. A dificuldade para decifrar rapidamente os caminhos indicados na tela do terminal automático fortalece o medo de errar o procedimento e ter que refazê-lo novamente em público,

---

85 No Brasil, esses procedimentos são diferenciados para cada banco. Se considerarmos que numerosas são as pessoas que têm conta bancária em mais de um banco (por exemplo, um privado e um público que oferecem serviços diferenciados e pagamentos exclusivos), as dificuldades de memorização dos códigos e dos procedimentos de acesso à conta bancária duplicam.

desacelerando o ritmo do atendimento. Além disso, qualquer demora na operação que ultrapasse o tempo admitido pela máquina, ou o esquecimento do código, leva o equipamento a "engolir"[86] o cartão. Por essas razões, as pessoas de mais idade sempre preferem os terminais que ficam no interior das agências, pois a iluminação é mais adequada e podem contar com a auxílio dos funcionários, caso seja preciso.

É a memorização do código que constitui o obstáculo maior para a difusão do cartão eletrônico/bancário. Medo de errar os dígitos e ver o cartão ser "engolido" pela máquina: "Só temos direito a errar três vezes, sempre tenho medo de misturar os números e de me fazer engolir". É talvez, por isso, que muitos franceses de 60 anos ou mais privilegiam, em primeiro lugar, as possibilidades de operacionalizar a conta bancária sem cartão eletrônico; a segunda opção é o cartão eletrônico que possui o nome e o número da conta do cliente, mas sem código (uma possibilidade oferecida à clientela) e que só pode ser usado nos caixas localizados do lado externo da agência onde são titulares. O cartão com código, do tipo cartão de crédito, é aquele que tem as taxas de retenção mais baixas entre as pessoas de mais idade, segundo o chefe do serviço de terminais eletrônicos da agência postal. Na agência bancária, o talão de cheques é nitidamente mais requisitado pelas pessoas dessa faixa etária do que o cartão eletrônico com código.

Podemos estabelecer uma relação entre o grau de automatismo dos serviços dessas instituições e o perfil de sua clientela, no que se refere à utilização dos terminais eletrônicos: o fato de o número de detentores de cartão bancário ser menor na agência dos Correios do que na agência bancária está, evidentemente, ligado à gama de possibilidades propostas pelos Correios. Assim, como na agência bancária, os saques em caixas eletrônicos só podem ser realizados através do

---

86 Engolir, comer, *avaler*: termos freqüentemente empregados que revelam sua dimensão simbólica.

cartão clássico ou de um cartão-jetom, tudo indica que este é mais um fator de desestabilização para as pessoas que têm dificuldades em se familiarizar com os automatismos, visto que possuem dificuldades amnésicas: elas ficam esperando a restituição do cartão, se preocupam por não vê-lo sair do aparelho, se indagam sobre o momento em que erraram a manipulação e, freqüentemente, apelam para a ajuda dos funcionários. Sensibilizadas pelas mensagens do tipo "em caso de roubo ou perda... telefone imediatamente para o número", muitas assimilam a absorção do cartão pelo equipamento a uma perda causada pela sua inabilidade. Apesar de todos os esforços empreendidos pelos agentes bancários para ensiná-las a manipular os caixas automáticos, muitas preferem não ter ou usar o mínimo possível.

Não se pode desconsiderar o medo do olhar do outro. A diminuição das faculdades físicas é o maior indicador do avanço da idade, denunciando a "velhice" mais claramente. Os olhares furtivos em direção às pessoas presentes na agência bancária, suscetíveis de tê-las surpreendido quando cometeram algum erro ou quando hesitaram ao digitar o código, deixam transparecer esse mal-estar. A incapacidade é freqüentemente vivenciada como degradante e as pessoas afetadas pela diminuição de suas capacidades preferem que ninguém testemunhe suas "pequenas desgraças". Por isso muitos elaboram estratégias que evitam a utilização dos caixas eletrônicos. Dizem, na hora do pânico, que esqueceram o cartão eletrônico em casa (e apresentam o talão de cheques ou a caderneta, no caso da agência dos Correios), ou ainda, preferem postar suas cartas com selos de coleção no lugar das etiquetas comuns da máquina de distribuição de selos. Sentindo-se diminuídos, alguns vivem suas deficiências como um defeito que lhes coloca em situação de inferioridade e, muitas vezes, criam um sentimento de culpa, pois pertencem a uma sociedade que tem a rapidez como valor.

As deficiências físicas podem excluir a pessoa envelhecida do uso de certos aparelhos automáticos, mas há outro modo de exclusão que não está vinculado à deficiência e sim à representação que se faz das idades, no caso a idade avançada. Assim, encontramos pessoas que excluem o uso dos terminais automáticos porque essas técnicas lhes parecem muito modernas para sua idade. "Estou chegando aos 70 anos, isso não é para mim", diz um administrador de imóveis aposentado. "Não sou contra o novo, mas sou de outra época", declarou uma senhora de 70 anos. Esses argumentos reforçam a tese de que este é um efeito de geração e não de idade.

A segurança em questão

A segurança ocupa lugar central nas representações que as pessoas têm dos terminais eletrônicos, aparecendo também nos discursos dos responsáveis pelos organismos que utilizam essa tecnologia.

Para a instituição bancária de Verrières, o aperfeiçoamento das condições de segurança das agências está associado à disseminação dos caixas eletrônicos que equipam as agências modernizadas. Este novo conceito de agência responde a uma dupla motivação: liberar o tempo comercial pela automatização das tarefas administrativas que não têm valor agregado, como vimos, mas também reforçar a segurança bancária com a supressão de toda manipulação de valores pelos agentes bancários.[87] No entanto, as pessoas de mais idade não são sensíveis a este argumento: a idéia de risco está associada ao cartão eletrônico, mesmo para aquelas que o utilizam. Para os clientes dos Correios, cujo caixa eletrônico fica no lado externo da agência, o medo de roubo é um dos maiores motivos de renúncia ao cartão. "Um cartão? Para me roubarem? Com o cartão temos que ir lá fora e podem nos seguir e roubar. Temos que pedir para alguém da prefeitura para nos acompanhar em casa. A caderneta é no interior, temos muito mais segurança", declara um antigo operário da indústria automobilística, de 78 anos.

---

87 Favorece também a relação comercial direta, pois suprime a porta giratória da entrada, considerada um verdadeiro obstáculo.

Como se percebem fragilizados pela idade, esses usuários são hostis à utilização do cartão eletrônico, como um eletricista aposentado, de 66 anos, que revela: "Tenho um cartão, mas esqueci o código! Fiz de propósito para não me roubarem. Pois não podem me obrigar a retirar dinheiro de um caixa automático porque não saberei dizer o código". Durante a pesquisa, uma pessoa foi agredida ao tentar retirar dinheiro do caixa automático dos Correios e isso foi motivo de muitos comentários nas filas de espera, estimulando os reticentes a não aderir ao sistema automatizado dos cartões eletrônicos.

O fato de a agência bancária ter instalado caixas eletrônicos no seu interior não tranqüiliza os clientes de mais idade: durante as horas de fechamento dos caixas tradicionais, o livre-serviço aparece como um espaço sem segurança, apesar das câmeras de vídeo que têm por finalidade desencorajar toda ação criminosa nesses lugares. O risco de ser visto e seguido persiste, como assinala um homem de 68 anos: "Se é para a gente usar somente quando tem muita gente na fila do caixa, então é melhor não se aborrecer com um código e ir direto ao caixa".

Já assinalamos que a instituição bancária implantou o sistema sem elaborar um estudo prévio sobre sua clientela. Vimos também que o seu idealizador declarou que o usuário de mais idade não constituía uma categoria específica, pois "não parcelamos as *démarches* (...) não temos uma para os de 10/18 anos, outra para os executivos ou para os seniores". A empresa escolheu apostar nos ensinamentos que o criador desse projeto chama de sua "vivência", termo que designa suas observações nas agências da rede bancária francesa, assim como experiências que lhe testemunharam seus colegas, caixas do banco. É a partir dessa "vivência" que são tomadas medidas para o aperfeiçoamento do instrumento técnico, no sentido de uma adaptação crescente às necessidades da clientela, de uma melhoria das condições de utilização e a formação de funcionários para a iniciação dos clientes no uso dos caixas eletrônicos.

O dispositivo criado por esses organismos tem por finalidade disponibilizar os agentes bancários para a mediação entre os clientes e os terminais automáticos, de forma que os primeiros se tornem autônomos o mais rápido possível. Entretanto, a clientela de mais idade evita freqüentemente os caixas eletrônicos pelas dificuldades ligadas às deficiências provocadas pelo avanço da idade. E também é uma clientela antiga que adquiriu hábitos e estabeleceu contatos personalizados com os funcionários das duas instituições.

Os objetos técnicos da esfera doméstica

As pesquisas sobre o modo de vida dos jovens aposentados mostram que eles constituem um mercado de consumo considerável. Atualmente, o nível de vida das pessoas de mais de 55 anos já ultrapassou em 5%, em média, o dos grupos etários mais jovens. Há 20 anos ele era inferior em 20%. Além disso, menos endividados do que os mais jovens, eles representam uma parte do mercado que as empresas buscam seduzir cada vez mais.[88] De fato, o nível de equipamento técnico dessa faixa etária tende a se aproximar do das faixas etárias mais jovens. Ao longo da última década, a aquisição de certos objetos tecnológicos conheceu uma progressão espetacular. Uma pesquisa publicada em 1994, na revista francesa *Parcours*, indica que o aumento da compra de aparelhos de vídeo foi de 33,3% entre 1991 e 1993, o que significa que essa faixa etária, durante muito tempo subequipada, parece estar recuperando o atraso. Neste campo, a transformação dos comportamentos é tão rápida que estes dados já podem hoje estar ultrapassados. Se considerarmos que a percepção dos desenvolvimentos tecnológicos depende de um número razoável de fatores como as características pessoais de cada um (gostos, trajetória de vida, inserção socioeconômica, aptidões etc.) e as do objeto técnico (configuração sociotécnica, historicidade, grupo-alvo investido pela publicidade), teremos um panorama bastante heterogêneo, que dificulta traçar qualquer perspectiva.

---

88 Dados emprestados de Tréguer (1994:207).

O acesso aos objetos técnicos é influenciado pelo hábito, um dos fatores principais para a adoção de produtos inovadores, já que com o avançar da idade aumenta o efeito de sedimentação que pode ser observado em quase todas as faixas etárias, ainda que de forma mais tênue. Outros fatores são suscetíveis de interferir e moderar esses efeitos. É o que constataram os estudos das práticas de consumo contemporâneas, revelando que os comportamentos das pessoas de mais idade não são tão previsíveis quanto, em geral, se pensa. Mais do que isso, a renovação biológica não substitui os grupos de idade de forma idêntica, mas pode induzir a um efeito de gerações, fortemente determinado pelas transformações culturais e sociais. Como assinala Pochet (1997:103), "os modelos culturais que influenciam as atitudes e práticas na idade da aposentadoria evoluem com a renovação das gerações. Estes modelos repousam, na verdade, em representações distintas desse período da vida segundo as diferentes classes sociais".

As pesquisas macroeconômicas apresentam os comportamentos de consumo das diversas faixas etárias e camadas sociais e seus resultados indicam alguns traços da relação entre pessoas de mais de 60 anos e novas tecnologias. Contudo, é a abordagem antropológica que permite observar procedimentos comportamentais e atentar para as especificidades dos objetos técnicos, permitindo desvendar as articulações entre a lógica dos usos e o jogo das interações sociais que implicam diversos atores. Mallein e Toussaint (1987) chamam nossa atenção para o *bias* que caracteriza muitas pesquisas sociológicas que analisam o impacto das técnicas nos modos de vida. Eles mostram, principalmente, que as inadequações entre o sistema técnico e sua utilização são analisadas em termos de resistência ou adaptação dos usuários aos objetos que constituem a modernidade e que este *bias* analítico induz um efeito de polarização entre uma perspectiva otimista e outra pessimista.

As tecnologias de informática, disseminadas nos espaços públicos, têm um caráter fortemente limitador na medida em que se destinam a serviços que as pessoas de mais idade necessitam e não lhes é dada outra alternativa; elas estão cada vez mais sujeitas às técnicas, quer pela substituição dos equipamentos domésticos quer pela imposição generalizada das novas tecnologias de informação e comunicação.[89] No que concerne aos objetos técnicos do cotidiano, é evidente que as limitações, mais sociais do que práticas, não têm o mesmo peso. Parece-nos assim oportuno aceitar o convite de Mallein e Toussaint (1987:214) para "analisar o lugar que estes sistemas podem ter no conjunto das significações, das limitações, dos riscos nos quais se situam e são situados os próprios usuários". A socialização de um objeto técnico depende, de fato, tanto da possibilidade de integração no modo de vida de cada um, quanto da sua capacidade para o adotar. Esta inversão da proposição nos possibilita não mais pensar a relação das pessoas de mais idade com as novas tecnologias em termos de resistência ao objeto, mas como elas adaptam os objetos às suas necessidades cotidianas.

Imagens dos objetos, imagem de si

"Tenho tudo", responderam enfaticamente várias pessoas entrevistadas. Uma resposta imediata e vibrante que refuta a imagem caricatural que lhes é atribuída,[90] ou seja, refratários aos objetos técnicos da modernidade ou incapacitados para utilizá-los. "Tenho tudo" não significa que todos possuem "tudo" e as "mesmas coisas", mas remete à representação de cada um sobre o que é necessário. Para uns pode ser a televisão, o aparelho de vídeo, o microondas, a máquina de lavar louças, a secretária eletrônica ou o celular; enfim, uma gama extensa de objetos técnicos. Para outros, o leque será menor: "Em casa eu já tenho tudo: televisão, telefone, máquina de lavar roupa". Se o conjunto dos objetos forma um sistema, o campo que ele recobre varia consideravelmente de uma pessoa para outra.

---

[89] Scardigli, 1987:204.

[90] Exemplo interessante é o vídeo de Guita Grin Debert e colaboradores, *Os velhos na propaganda* (1998).

É preciso, ainda, observar o efeito imediato que produzem nossas perguntas. As pessoas de mais idade são muito sensíveis à imagem estigmatizada de "velhos" que lhes é atribuída e contra a qual procuram se defender. "Somos velhos, mas..." e "de todo modo somos modernos" são expressões recorrentes que revelam uma lucidez sobre as representações que a sociedade constrói dos seus membros envelhecidos. Assim, quando afirmam que possuem objetos tecnológicos apontam para duas estratégias identitárias diferenciadas e que se traduzirão como uma referência à velhice e à modernidade. Trata-se de uma tentativa de romper com os preconceitos atribuídos aos grupos etários a que pertencem e, assim, modificar a imagem errônea que se tem das pessoas de mais idade. E pretendem, também, se descolar de uma imagem a qual podem até reconhecer nos outros, mas que recusam ver aplicada a si mesmos. Em suma, significa que se a idade biológica revela objetivamente uma "velhice", mostrando atributos que se supõe inerentes a ela, como a retração do campo da atividade, o distanciamento do mundo contemporâneo etc., a idade psicológica os aproxima da juventude, pois estão rodeados de objetos que asseguram o relacionamento com as gerações mais jovens.

A primeira estratégia pode ser ilustrada pela sra. Marie, viúva que vive só, e se interessa por todas as tecnologias — "até o computador, já sei como funciona". Ter "tudo", desde a máquina de lavar roupas ao microondas, passando pela secretária eletrônica com números programados, e a curiosidade demonstrada com toda oferta de novos produtos, são provas de sua recusa de se "entregar", ainda que reconheça o avançar da idade. Ao responder sem hesitar que "com isto [eletrodomésticos e cartão bancário] não tenho problemas", ela procura provar que pode ser velha e "ainda estar por dentro". Já o relato do sr. Roger, jovem aposentado e ex-empregado de uma empresa de transportes, se presta melhor à segunda estratégia: "As novas tecnologias, acho todas boas, não recuso nada, as aceito e quero experimentar tudo, entender, ver como funcionam", diz com determinação. Se ele escuta os jovens é porque "não quero passar por um velho". Vivendo, como diz, rodeado de "velhos" — mora em uma residência para aposentados —, ele cultiva tudo que pode diferenciá-lo desse grupo de idade a que pertence de fato sem querer reconhecer. "Nem ligo para o que dizem, me lanço e pronto", responde às críticas que recebeu da diretora da residência porque se recusa a participar das atividades do estabelecimento: "Seu baile, seu acordeão, isso não é para mim! Sou mais Queen, Lionel Richie, *rock*". Reafirmando essa imagem que constrói de si, diz que sua neta o chama de "vovô euro,[91] porque para ela não sou um velho".

Esses dois exemplos mostram duas formas de denegação que revelam comportamentos diferenciados no interior da categoria "velho" ou "idoso": não é por acaso que a sra. Marie se aproxima dos 90 anos e que o sr. Roger ainda não completou 65 anos. Enquanto ela se identifica plenamente com o grupo dos mais idosos e milita para reconfigurar sua imagem, ele não assume o avançar da idade e serve-se de sua curiosidade pelas novas tecnologias como um indicador de jovialidade junto aos seus próximos, principalmente, os netos.

Há também pessoas para as quais a relação entre idade avançada e tecnologias recentes é absolutamente impossível. Algumas chegam a proferir discursos bastante autodepreciadores como "na minha idade, isso não pode me interessar", "não é mais para minha idade", "estou velha para isso", "os tempos mudaram, é o computador, a internet e nós não sabemos usar essas coisas e nem temos cabeça para aprender. Estamos ultrapassados". Essas expressões, que a responsável do clube de terceira idade Bel Âge qualifica de "renúncia", são próprias às pessoas que imaginam que o avançar da idade está associado à diminuição das capacidades cognitivas ("é muito complicado na minha idade, a cabeça não acompanha mais"), à recusa de se reciclar ("gostaria de aceitar isso tudo, mas sem esforço. Na aposentadoria,

---

91 O euro começava a circular na época da pesquisa e ainda estava em experimentação. O sr. Roger já tinha solicitado à sua agência bancária o novo talão de cheques em euros e uma calculadora que fazia a conversão.

acabou. A vida me deixou muito cansada, é melhor deixar pra lá") e à perda do prazer de experimentar.[92]

Esses exemplos mostram que os discursos sobre a relação que estabelecem com as novas tecnologias são parte de uma estratégia identitária, construída por uma multiplicidade de figuras extraídas da conjugação entre diversos fatores sociais e individuais.

Sociabilidade dentro e fora do grupo familiar

Vários estudos têm-se interessado pelo lugar que ocupam os objetos técnicos nas relações intergeracionais, principalmente entre pais e filhos e avós e netos.[93] Procuraremos mostrar que sociabilidade e novas tecnologias estão em constante interação no cotidiano das pessoas de mais idade. Na maior parte dos casos observados, as tecnologias constituem um elo vital com o exterior, permitindo o contato com o grupo familiar, a vizinhança e o mundo. As formas de sociabilidade constituem um meio de acesso privilegiado às técnicas, favorecendo inclusive a criação de novas relações sociais. Por isso, certas técnicas são rejeitadas quando passíveis de substituir qualquer relacionamento humano pela máquina e, conseqüentemente, de privar a pessoa de idade de estabelecer vínculo social, principalmente, quando vive só.

A mediação familiar no acesso ao "novo" objeto técnico desempenha um papel fundamental na sua integração ao aparato doméstico, quer através do estímulo e do conselho para adquirir, quer através de presentes ofertados, principalmente por filhos e netos. Assim, a geladeira e a televisão são objetos assimilados pelo corpo social e as pessoas de mais idade já possuem e até os renovam, enquanto o forno de microondas, o aparelho de vídeo ou o celular necessitam, em geral, da mediação familiar. Mas o papel de indutor atribuído às gerações pos-

---

[92] Sobre a representação do "prazer" associado às tecnologias da comunicação, ver Breton (1998).

[93] Ver Caradec (2000, 2001), Barros e Goldman (1999) e Peixoto (2000b).

teriores não significa passividade por parte das pessoas de mais idade, pois elas decidirão se utilizarão ou não. Algumas pessoas entrevistadas abandonaram eletrodomésticos de última geração que lhes foram ofertados por julgar que eram supérfluos ou não apropriados às suas necessidades. É o caso da sra. Laure, ex-diretora de uma agência comercial: "Nossos filhos nos dão várias coisas de presente nos momentos de festa. Então temos muita coisa e elas ficam trancadas nos armários". Há, também, presentes que não correspondem ao que se esperava, principalmente quando a sugestão era bem precisa, como no caso da sra. Paulette, ex-inspetora de escola primária: "Eu queria um pequeno forno elétrico para assar um frango. Eles se enganaram e me deram um forno de microondas que só sei usar para esquentar. Não gosto deste microondas".

Um dos fatores a serem considerados é que tipo de inovação caracteriza o objeto técnico. Aperfeiçoamento do produto e/ou melhoramento da sua função representam de fato um acréscimo inovador, como é o caso do microondas ou de uma nova geração de máquina de lavar, pois o quadro técnico já foi definido e o novo objeto é uma etapa na trajetória da inovação. O computador pertence a uma outra categoria: aquela das inovações radicais, verdadeiras revoluções tecnológicas que produzem impacto em quase todos os setores da economia.[94] A apropriação de objetos técnicos, pertencentes a uma ou outra destas categorias, exige do usuário uma imersão na cultura técnica. Desse modo, um objeto como o computador só será incorporado aos equipamentos de uma pessoa aposentada que não o utilizou ao longo de sua vida de trabalho e, assim, não incorporou essa nova cultura técnica, graças a uma mediação exterior. É o caso de um casal de mais de 90 anos que estuda a possibilidade de adquirir um computador, aconselhado pelos filhos, para se comunicar via

---

[94] A informática, cujo impacto se percebe em todos os setores da economia, constitui uma revolução tecnológica tal como consideram Freeman e Pérez, citados em Flichy (1995).

internet com uma filha que vive no exterior. A sra. Suzanne, que se adaptou rapidamente à máquina de distribuição de selos e ao cartão bancário, também faz do computador e da internet veículos para manter as relações familiares: a filha e o genro estão lhe ensinando a usar a internet:

> Você sabe, a internet não é apenas para distração, é também para aprender! É formidável, dá até para aprender a ler. Meu bisneto de cinco anos ainda não sabe ler, mas sabe mexer no computador. Então, eu leio para ele e ele me ensina o que tenho que fazer! Tenho vontade de comprar um, mas não tem lugar lá em casa, é muito apertado.

Outra que se encantou com a internet foi a sra. Madeleine, de 83 anos, que, com ajuda do genro, encontrou um primo desaparecido há 58 anos! Desde então, faz maravilhas com a internet, ainda que necessite de conselhos para utilizar.[95]

Mas, se a mediação familiar com o exterior é quase sistemática, as pessoas de mais idade fazem por conta própria suas investidas, como a sra. Marie-Hélène, 73 anos, cantora lírica, que foi encorajada pela filha a comprar um Macintosh, marca preferida da filha. Ela, contudo, comprou um PC, pois, como diz:

> Fui sozinha numa loja que escolhi porque era mais barato. E como minha filha não estava junto, escolhi sem saber qual era a diferença entre um Mac e um PC, mas estou bem contente porque escolhi um PC Windows 95, e ele tem em todo canto, qualquer problema é fácil.

Paul, 76 anos, também foi incentivado pelo filho, da área de informática: "Um dia, ele me perguntou: por que você não tem um computador? E foi assim que fui comprar um computador".

---

[95] Ver também Barros e Goldman (1999).

Como exemplo de que os objetos técnicos podem ser vetor de uma sociabilidade que ultrapassa amplamente o quadro familiar, recorremos à experiência da sra. Renée, viúva que mora em uma residência para pessoas com mais de 60 anos. Ela gosta dos programas culturais transmitidos pela televisão, comprou então um aparelho de vídeo para gravar seus programas e filmes favoritos e organiza "tardes de vídeo" para os demais moradores. "Ah, hoje tem *Rigoletto* no canal 5. Vou gravar e depois vamos ver", disse para algumas vizinhas que encontrou no corredor. Ela também organiza, uma noite por mês, o cineclube da residência, apresentando um filme de sua videoteca de mais de 150 títulos gravados. Essas "noitadas" são pretexto para debates animados, regados a vinho, e já inscritos nas atividades da casa de aposentados. Indiretamente, o aparelho de vídeo da sra. Renée desempenha um papel estruturante e agregador nessa pequena comunidade de moradores, representando, como mostra Lull (1990), um meio de comunicação nesse grupo heterogêneo e favorecendo a formação de um sentimento de pertencimento, uma vez que se trata de uma população de residentes de origem geográfica diversa. Além disso, ele permite que ela se destaque no seio do grupo, já que é a "diretora" do cineclube.

Inversamente, um objeto técnico pode ser recusado porque interfere na criação de vínculo social como, por exemplo, alguns aparelhos eletrodomésticos que facilitam as tarefas cotidianas mas que inviabilizam a visita diária ou semanal de uma atendente doméstica. O sr. Pierre, solteiro, 75 anos, ex-chofer de táxi, vive sozinho em sua modesta casa desde a morte da mãe, com quem vivia. Uma assistente doméstica do CCAS vem diariamente ajudá-lo. Ele não é dependente físico; o que lhe interessa é a presença cotidiana e familiar dessa pessoa que rompe a sua extrema solidão, já que não tem filhos nem parentes próximos. Ele recusa a idéia de adquirir certos eletrodomésticos sugeridos pela atendente porque eles tornariam a visita dela supérflua: "O que você quer que eu faça? Ela precisa fazer qualquer coisa já que a comida sou eu mesmo que faço". Sobre a mesma questão, a sra. Jeanne se nega a aderir aos produtos congelados porque as compras cotidianas permitem que ela rompa o isolamento ao conversar com os comerciantes. Pois para consumir produtos frescos sai regularmente de casa e aderir aos congelados significa reduzir as razões necessárias de sair.

Enfim, não possuir um objeto técnico pode ser pretexto para estabelecer contato regular com outras pessoas, inclusive com os funcionários da agência bancária e dos Correios. Como suas amigas, a sra. Louise poderia ter um *minitel* ou solicitar à telefonista da residência de idosos onde vive o número do telefone que procura. Contudo, ela prefere telefonar para seu neto e pedir que ele procure para ela. Um pretexto evidente para conversar sobre as últimas novidades de um e outro.

Outro objeto técnico que favorece a relação social é o automóvel. Tem-se insistido muito sobre o processo de desmotorização entre as pessoas de mais idade; o abandono da prática de dirigir aos 75 anos é uma marca do envelhecimento. Os estudos sobre o aumento dos domicílios que possuem automóveis mostram que as pessoas entre 60 e 70 anos, proprietárias de um carro, tendem a conservá-lo ao invés de descartá-lo. Os dados econômicos informam que, nos últimos anos, as pessoas com mais de 60 anos vêm ocupando um lugar importante no mercado de automóveis novos e isto por duas razões: seus rendimentos aumentaram e os carros novos evitam os problemas mecânicos, freqüentes com os carros velhos.[96]

Ao longo da nossa pesquisa, percebemos que a desmotorização masculina foi substituída por uma motorização feminina: muitas são as mulheres com mais de 60 anos, freqüentemente mais jovens do que seus maridos, que os substituem na direção quando eles não podem mais dirigir. "Agora, sou eu quem dirige, meu marido praticamente não pode mais. E estou muito contente com meu novo carro (...) tenho um Twingo", declara a sra. Laure, 85 anos, ex-diretora de empresa e casada com o sr. Yves, 90 anos. Se ela sempre dirigiu, principal-

96 Blanc, 1996.

mente para ir ao trabalho, a sra. Marie-Hélène só obteve sua habilitação depois que se aposentou:

> se não tivesse minha carteira e se um dia meu marido ficasse cansado ou sei lá, tivesse alguma coisa, o que iríamos fazer? Nunca pensei em dirigir e um dia, pensando nessas coisas, fui fazer umas aulas e acabei passando no exame! Tirei minha carteira aos 60 anos e logo na primeira tentativa.

O carro é uma inovação na vida dessas mulheres, que aderem ao uso de um objeto técnico bastante complexo, já em idade avançada. É, sem dúvida, um meio de deslocamento privilegiado para as mulheres com mais de 60 anos que vivem sós. Ele possibilita que elas fujam da solidão, provocando inclusive mudanças em seus modos de vida, dando-lhes mais mobilidade e independência para fazer visitas e prestar ajuda aos membros do grupo familiar, como, por exemplo, cuidar dos netos e pegá-los na escola. Mas, também, para fazer compras nos centros comerciais das redondezas, passeios e mesmo pequenas viagens. O carro possibilita maior liberdade para as mulheres aposentadas de Verrières, considerando que há pouco comércio na cidade e que os transportes públicos são precários: o metrô suburbano (RER) não vai até lá e uma só linha de ônibus liga Verrières às duas cidades próximas (Antony e Massy). Assim, para essas mulheres, possuir um carro e poder conduzi-lo reestrutura a imagem que têm de si e sua relação com o processo de envelhecimento.[97]

As pessoas de mais idade que deixam de dirigir ou que não possuem carro acabam prisioneiras em seus bairros, se estes não oferecem boas condições de transporte público. Para atenuar o sentimento de isolamento e impotência em face da imobilidade, o CCAS colocou à disposição de sua população de mais idade uma *van*, para levá-los ao hipermercado e ao centro comercial ou às consultas médicas, se for o caso. Não sendo diário, este serviço acaba limitando a liberdade de ir e vir.

---

[97] Ver, a esse propósito, Caradec (1998) e Haicault (1998).

A resistência às inovações

Os estudos sobre o uso de objetos tecnológicos pelas pessoas envelhecidas não podem desconsiderar que essa relação é corporal e que o envelhecimento é um processo de transformação do corpo, que se traduz pela evolução das incapacidades motoras e sensoriais. As pesquisas de Caradec sobre uso de tecnologias e envelhecimento mostram que a relação das pessoas de idade com os objetos técnicos está intrinsecamente ligada à relação com o corpo, com o tempo e com o espaço. Para o autor, a utilização de tecnologias recentes pelas pessoas de idade "passa por um conjunto de gestos já incorporados, interiorizados, que parecem naturais, difíceis de ser reaprendidos e associados a um conjunto de sensações: prazerosas, penosas etc.".[98] Além disso, as representações sociais associam as inovações tecnológicas à juventude e as pessoas de mais idade são as que mais "resistem" aos objetos técnicos. Ora, é preciso assinalar que os avós constituem a clientela privilegiada das lojas de jogos eletrônicos: descobriram que "estar por dentro" das tecnologias de informação e de comunicação permite o relacionamento com os netos. Considerando que esses jogos ou objetos eletrônicos têm uma concepção simples, para serem usados por crianças, eles são também facilmente utilizáveis pelos avós.[99] Persiste, contudo, a percepção de que as pessoas de idade resistem à assimilação das inovações tecnológicas; suas "resistências" merecem ser mais discutidas.

O emprego dessa noção — "resistência" — foi observado, inicialmente, no desenvolvimento das técnicas ligadas à economia agrícola, cuja concepção era de que as evoluções técnicas estariam vinculadas ao aumento da eficácia e da rentabilidade. Nesta perspectiva, a atitude das populações rurais que "recusavam" adotar uma inovação técnica po-

---

[98] Caradec, 1999:41.

[99] Attias-Donfut, 1999:6.

deria ser designada em termos de "resistência passiva que se obstina às práticas tradicionais".[100] "Tradição", "resistência", "rotina" aparecem assim como o reverso de racionalidade. Este esquema dualista estrutura a oposição entre a objetividade dos argumentos em favor da adoção de proposições de inovação e a subjetividade das atitudes de "resistência". A tipologia dos comportamentos em face da inovação, proposta por Mendras, ilustra essa pressuposição da resistência como indicador de passividade e de arcaísmo, uma conotação particularmente negativa. O autor distingue a categoria dos "retardatários", na qual estariam os "tradicionalistas" que custam a "mudar", daquela dos "refratários", que "se recusam a aceitar a inovação para continuar fiéis à rotina".[101]

Um preconceito bastante incrustado na sociedade francesa contemporânea relaciona a não-utilização de uma nova técnica à força dos costumes e hábitos adquiridos. O que parece problemático nesse argumento é o fato de que os grupos considerados mais sensíveis aos costumes e hábitos e, portanto, refratários às mudanças técnicas, seriam precisamente os camponeses, as populações não-urbanas, assim como os velhos. No campo da sociologia e antropologia da vida cotidiana, os trabalhos de Kaufmann nos possibilitam analisar a relação pessoas envelhecidas e novas tecnologias através de uma abordagem construtivista, centrada na noção de hábito; os objetos técnicos teriam que se integrar aos gestos e rotinas habituais. Em uma pesquisa sobre donas-de-casa e eletrodomésticos,[102] foi analisado um grupo de mulheres que não se adaptou à máquina de lavar louça, retoma a idéia de que as pessoas de mais idade resistem ao novo. Entretanto, outros trabalhos já mostraram que estas pessoas são muito mais permeáveis às inovações do que querem admitir. Assim, ao invés de pensar em termos de concorrência entre lógicas que seriam de fato contrárias, não

---

[100] Faucher, 1948.

[101] Mendras e Forsé, 1983.

[102] Kaufmann, 1995.

poderíamos buscar os efeitos conjugados de duas lógicas que poderiam ser complementares?

Utilitarismo e utilizável: uma abordagem pragmática

Como assinalou Volatier, as pessoas de mais idade são freqüentemente descritas como hostis às novas tecnologias[103] e, no entanto, o que parece caracterizá-las é mais "uma desconfiança diante de um novo produto (...) do que a falta de interesse pela inovação tecnológica e os serviços que ela poderá prestar".[104] As pesquisas sobre essa relação insistem no fato de que estas pessoas privilegiam os equipamentos que melhor lhes serve e de utilização não muito complexa. Utilitarismo e utilizável são dois critérios relevantes para as pessoas de mais idade aceitarem os objetos. Vejamos como estas noções se manifestam nas suas práticas e propósitos.

Em geral, a utilidade de um objeto técnico aparece em primeiro lugar nos discursos que insistem sobre a dimensão racional da escolha. Na maioria dos casos, trata-se de avaliar que objetos poderão realmente ser utilizados, de acordo com as necessidades de cada um. A sra. Émilie, 89 anos, viúva, diz que a máquina de lavar louças é fundamental, pois ela recebe regularmente os filhos e netos para jantar ou almoçar. Já não é o caso da sra. Anne que, sem filhos, considera esse aparelho supérfluo; opinião compartilhada pelo casal Paulette e Lucien, 74 e 75 anos, auxiliar de professora primária e ex-vendedor em livraria: "Nós não temos lava-louças porque somos só duas pessoas: são dois copos, dois pratos (...) a gente ainda pode lavar essa louça".

Dizer que as mulheres de mais idade resistem à máquina de lavar louças por medo de perder sua identidade é forçar um pouco os fatos; parece que há um efeito de geração que não corresponde mais à reali-

---

[103] Sobre a hostilidade às inovações técnicas ver Kaufmann (1992, 1995) e Caradec (1999).

[104] Volatier, 1995:51.

dade das representações femininas atuais, mesmo a das mulheres de idade: a sra. Georgette usa sempre esse aparelho, pois recebe regularmente seus parentes, e ironiza este argumento evocando a lembrança da tia que dizia que "a lava-louças deixava as mulheres preguiçosas". Para o sr. Antoine, 73 anos, viúvo que se dedica inteiramente à paixão pela pintura e pelo desenho, os aparelhos eletrodomésticos são "formidáveis para as coisas que não sei fazer! O que me interessa é o lado prático: para a cozinha, só gasto cinco minutos e é por isso que tenho microondas". Dizendo-se um bom *gourmand*, acha maravilhoso poder, graças a esse aparelho e aos produtos congelados, se deliciar com um bom prato sem perder tempo com a sua preparação.

É preciso também considerar o fator econômico. Para as pessoas de renda modesta, o controle das despesas é crucial como, por exemplo, entre as mulheres que só recebem a pensão de viuvez ou cuja aposentadoria é baixa. Limitadas na capacidade de compra, essas mulheres, que têm um enorme conhecimento de economia doméstica, renunciam aos equipamentos de custo proibitivo e de pouca serventia. É o caso da lava-louças, cujo consumo de água e eletricidade pode parecer excessivo quando só se tem um par de pratos para lavar no dia-a-dia.

A lógica utilitarista também vale para as tecnologias da comunicação, como a secretária eletrônica, por exemplo. Entre a diversidade possível de objetos oferecidos no mercado, a escolha é feita em função de uma avaliação das necessidades. A sra. Yvonne possui um bina no lugar de uma secretária eletrônica, pois identificar os telefonemas recebidos já lhe basta. O casal Yves/Laure, de mais de 90 anos, sai muito e acha que o aparelho, presente de uma sobrinha, é muito prático e "tem o lado bom e o ruim, pois muita gente diz que telefonou e certamente não telefonou porque não escutamos nada na secretária eletrônica". Já para o sr. Roger, que mora em uma residência para aposentados, a secretária eletrônica não convém para as pessoas que moram em suas próprias casas, pois os ladrões têm o hábito de telefonar antes para verificar se tem alguém em casa e, então, assaltar. O celular, para ele, é mais apropriado, pois não fornece esta informação aos assaltantes.

Se as pessoas que vivem sozinhas são, em geral, menos equipadas de eletrodomésticos e tecnologias de comunicação do que as que vivem conjugalmente, nada indica que isto esteja ligado a uma falta de informação. Ao contrário, existe uma rede especializada na imprensa, no rádio e na televisão[105] voltada para essa faixa etária e que oferece uma diversidade de objetos, serviços e produtos capazes de interessar este segmento da clientela. É bem verdade, como assinala Caradec, que "com a interrupção da atividade profissional desaparece o pertencimento a um meio que permite conhecer e entrar em contato com as inovações tecnológicas, estimulando seu aprendizado e mesmo encorajando a introdução de alguns deles no espaço doméstico".[106] Contudo, verificamos um interesse crescente das pessoas que não desempenham mais uma atividade profissional pelos programas de "teleshopping"; várias chegam a organizar suas tarefas cotidianas em função da programação destes canais.

O conceito utilizável, desenvolvido pela ergonomia, se aproxima daquele proposto por Mallein e Toussaint, que consiste em analisar o lugar que os objetos técnicos podem ter no conjunto das significações e dos limites dos usuários. Alguns eletrodomésticos (microondas) e de comunicação (aparelho de DVD e *minitel*) fazem parte dos objetos técnicos que nem sempre são adquiridos pelas pessoas mais velhas. Não ser utilizável, no caso do forno de microondas, pode fazer parte de uma cultura técnica com a qual as pessoas de mais idade estão raramente familiarizadas. Como assinala Perriault (1989), o ato de cozinhar ou esquentar alimentos esteve, durante séculos, ligado ao fogo. Ora, o forno de microondas rompe com essa tradição: o cozimento se

---

[105] Debert realizou interessante pesquisa e um vídeo sobre a imagem (negativa) dos velhos na propaganda em 1998.

[106] Caradec, 1999:44.

faz sem fogo, o recipiente se mantém frio e a operação é reduzida a poucos minutos. Se não nos limitamos à concepção estrita da ergonomia, estas transformações apontam para outra questão: de um objeto ser ou não utilizável. Trata-se de uma utilidade menos técnica do que simbólica, ligada à maneira como os usuários de mais idade representam o processo de cozimento dos alimentos.

Já nos referimos à complexidade do uso do aparelho de vídeo para as pessoas de mais idade, quando se vêem diante da multiplicidade de comandos e das inúmeras teclas. O mesmo acontece com o *minitel*, que exige ainda a digitação dos nomes procurados no catálogo e, assim, a manipulação rápida das escolhas, pois funciona via telefonia e os pulsos telefônicos têm custo elevado. Nessas condições, as pessoas conscientes de sua capacidade de memorização e da dificuldade de agir rapidamente preferem dispensar esses equipamentos. Algumas vão progressivamente deixando-os de lado.

Os equipamentos eletrodomésticos não são os únicos a inovar: as embalagens dos produtos, alimentares ou não, também entram nessa categoria, pois as modalidades de abertura e suas indicações não são adaptadas às pessoas de idade, cuja destreza manual é menor. Este é o caso do sr. Maurice, que vive em uma residência para idosos e, aos 90 anos, sente diminuir consideravelmente sua visão:

> Não se pode dizer que é muito prático. Existem embalagens que não consigo abrir. Por exemplo, o pacote de açúcar em pedaços, o de sabão em pó, eles botam uma tira em volta que não consigo abrir, a tira arrebenta e aí tenho que rasgar tudo. O pacote de café, sempre tenho que ter uma tesoura por perto, senão espalha tudo quando abro.

Do mesmo modo, os produtos de limpeza que têm tampas de segurança, para evitar que as crianças abram, são difíceis para aqueles que "têm um problema na mão, uma pequena artrose", reclama a sra. Germaine.

O conceito utilizável deve ser ampliado a características que não são propriamente ergonômicas, mas que concernem, entretanto, à utilização do objeto. Nessa pequena cidade residencial, a maioria das pessoas de 60 anos e mais, de todas as categorias sociais, mora em suas próprias casas. É freqüente que objetos como a máquina de lavar roupas sejam pouco usados, pela dificuldade em manuseá-los. Seja porque são mais complexos ou pesados, seja porque estão em lugares de difícil acesso, como explica uma atendente doméstica: "Na máquina de lavar, sou eu que mexo, porque ela fica no subsolo. As máquinas de lavar ficam quase sempre nos subsolos das casas e eles não podem mais descer a escada". Podemos, também, incluir nesta categoria alguns equipamentos que exigem uma reestruturação ou mesmo reforma para que sejam instalados, como a máquina de lavar louças. Considerando que moram em casas ou mesmo apartamentos muito antigos, várias pessoas desistiram de comprar produtos que gostariam de ter, pois teriam que fazer reformas nas instalações hidráulicas e elétricas para acomodar os novos equipamentos.

Ainda sobre essa questão, podemos inverter a análise e pensar a não-utilização de um objeto técnico em termos do risco de seu uso, ao invés das dificuldades que seriam particulares às pessoas de idade. Assim, a idade não é o único fator que atua nos comportamentos de uso dos objetos técnicos. A profissão que exerceram e as condições da atividade são também determinantes, como sugere o sr. Lucien, que sempre trabalhou na mesma empresa:

> na livraria onde eu trabalhava, não tinha computador. Se ela tivesse quando eu trabalhava lá, eu teria aprendido, e é quase certo que eu teria um em casa, pois saberia usar e tirar o máximo proveito! Mas como nunca aprendi, não vai ser agora aos 75 anos que vou começar.

Já a sra. Marie-Hélène não pensa da mesma forma, pois aos 72 anos ainda pratica o canto e decidiu recorrer à informática para elaborar suas partituras e criar os cartazes dos espetáculos que ela organiza na sua escola de música, situada em Verrières.

Os serviços sociais municipais: humanidade x tecnicidade

Existe um conjunto amplo e variado de objetos e serviços de suporte técnico para o acompanhamento do avançar da idade. Eles podem ser oferecidos pelos serviços sociais municipais mas, também — e é cada vez mais freqüente —, pelas organizações privadas que se interessam por este mercado em expansão. Para melhor dar conta do conjunto de serviços destinados às pessoas de mais idade, apresentamos um inventário das ações do CCAS[107] e das estruturas de moradia coletiva — públicas e privadas — da cidade, que se dividem em duas categorias:

- as ações que têm por objetivo compensar as deficiências decorrentes do envelhecimento e permitir a permanência na própria casa ou em casas geriátricas;[108]
- as ações voltadas para a sociabilidade e que concernem, principalmente, ao impacto social e psicológico causado pelo avançar da idade.

Como vimos, o município de Verrières procura aplicar as medidas nacionais e departamentais em favor das pessoas de 60 anos e mais que, no seu território, representam 15,4% da população total. A cidade tem uma infra-estrutura relativamente desenvolvida para as pessoas envelhecidas: uma clínica geriátrica medicalizada (para os que são dependentes), três residências para aposentados (uma totalmente privada) e uma casa de repouso para as freiras que foram missionárias na África.[109] Contudo, as ações e serviços destinados a essas pessoas são

---

[107] Centro Comunal de Ação Social.

[108] Decidimos não distinguir a vida domiciliar daquela em instituições coletivas (casas para aposentados etc.), como a maioria dos estudos franceses sobre envelhecimento. Esta posição, que pode ser discutida, apóia-se no fato de que a questão central dessa pesquisa é a utilização de objetos e serviços de suporte técnico, não importando o lugar de moradia.

[109] A Casa de Repouso de Verrières, foi a primeira fundada na cidade, em 1947. Instalada em uma mansão cedida por Léon Maugé, prefeito da cidade de 1901 a 1929, ela acolhia pessoas de origem popular que não recebiam pensão de aposentadoria. Anos mais tarde, o proprietário de um "hotel de passagem" de Neuilly transformou sua casa de Verrières em uma "casa de repouso" para as prostitutas velhas e doentes de seu hotel. Foi nesse terreno que, no início dos anos 1970, foi construída a residência Arepa, o segundo estabelecimento para pessoas de idade.

reduzidos e os apoios especificamente técnicos são limitados, como podemos ver no quadro 2.[110]

Quadro 2

Serviços prestados pelo CCAS e pelas residências para idosos

Serviço	No domicílio	Arepa (subvenção pública)	Residência do Bosque (privada)
Atendente domiciliar	CCAS	CCAS	CCAS
Telealarme	CCAS	Sistema próprio	CCAS
Teleassistência (detector de fumaça e calor, por exemplo)	Não tem	Não tem	Tem
Acompanhamento para sair	CCAS	CCAS	Serviço próprio
Atendente de enfermagem	CCAS	CCAS e serviço próprio	Serviço próprio
Entrega de refeições	CCAS	Não tem	Não tem
Automatismos para fechamento de portas e janelas	Não tem	Não tem	Tem
Diversos (telefones com teclas grandes, internet, por exemplo)	Não tem	Não tem	Tem

Entre esses diferentes serviços, podemos distinguir:

- os propostos pelo CCAS para toda a população de mais de 60 anos, inclusive para os moradores das casas geriátricas, como as atendentes domiciliares e o telealarme;
- os criados pelo CCAS para melhorar as condições de vida das pessoas que preferem ficar no domicílio, como a entrega diária de refeições, os atendimentos domiciliar e de enfermagem (aplicação de injeções, medição de pressão etc.);
- os que são desenvolvidos separadamente pelo CCAS e em cada residência coletiva para idosos, como acompanhamento para os deslocamentos e atendimento de enfermagem; e

[110] Indicamos CCAS quando o serviço é prestado por esse organismo. A Arepa e a Residência do Bosque são os estabelecimentos que selecionamos para um estudo mais pontual. Voltaremos a isso adiante.

- os que são criados pelas administrações das residências, sem interferência do CCAS: câmeras de vídeo para vigilância (inclusive nos quartos dos mais dependentes), detectores de fumaça, automatismos para as portas (abrir/fechar, interfone), telefones para deficientes visuais etc.

Como não poderia deixar de ser, tanto os discursos dos responsáveis do CCAS e da Coordenação Gerontológica quanto os dos vereadores e o do prefeito enfatizam a dimensão humana das ações implantadas (atendentes domiciliares e acompanhamento nas saídas). A ênfase nos serviços de "suporte" humano é reveladora da política social municipal, cuja diretriz principal é manter as pessoas em seus domicílios, evitando o isolamento que pode resultar disso.

Mas, se distribuirmos as tecnologias de assistência às pessoas de mais idade[111] em três grupos, veremos que os objetos técnicos do primeiro e do segundo grupo constituem serviços oferecidos pelas residências Arepa e do Bosque e que o CCAS, por enquanto, não desenvolveu nenhuma modalidade de difusão desses equipamentos (por exemplo, os telefones com teclas grandes para os deficientes visuais) para as pessoas que vivem em seus próprios domicílios. Da mesma forma, ele ainda não promoveu a instalação de equipamentos para captar fumaça ou calor, nos casos de incêndio nas casas ou apartamentos, principalmente nos providos de pequena cozinha. Só o telealarme, que é um objeto técnico do terceiro grupo, foi levado em conta nas ofertas dos serviços sociais.

Mas, de fato, no âmbito dos benefícios gerontológicos, é a atendente domiciliar que constitui o cavalo-de-batalha da política municipal em favor das pessoas de mais idade, como fica claro no documento do

---

[111] Os três grupos são: as próteses individuais que compensam ou minimizam uma deficiência ligada ao avanço da idade, os aparelhos de segurança informatizada (*domotique*) e os sistemas de telecontato (termo usado por Conte [1988], pois indica um contato humano, em detrimento de telealarme, televigilância, teleassistência) e por Chan e colaboradores (1995).

Setor para Idosos/CCAS, que só apresenta as taxas de atendimento desse serviço, ignorando os demais. Como assinalam Veysset-Puijalon e Bouquet (1995), o atendimento domiciliar é, no plano nacional, "historicamente o mais antigo, geograficamente o mais demandado e financeiramente o mais regularmente assegurado". Criado pelo Estado como ação social obrigatória em 1975, ele foi implantado no município de Verrières um ano antes, como vimos no primeiro capítulo. Este serviço é dirigido pela coordenadora e duas colaboradoras, trabalhando em tempo integral e parcial, que administram o conjunto das atividades do setor, que conta com somente 16 atendentes domiciliares. O relatório das suas atividades anuais informa que elas realizaram 21.752 horas de trabalho, distribuídas entre as 139 pessoas que apresentavam alguma incapacidade física ou psíquica para executar as tarefas domésticas. O que, então, explicaria essa baixa taxa de atendimento?

Tudo indica que a equipe municipal só recentemente se deu conta da precariedade do seu dispositivo de atendimento, pois, como disse a diretora do CCAS, "só agora estamos tentando prever para os próximos 15 anos". Até então, os governos municipais anteriores se contentavam em aplicar os decretos nacionais e departamentais, sem nenhum esforço de projeção para o futuro.

Outros benefícios propostos pelo CCAS (entrega de refeições, transporte para os deslocamentos e atividades sociais) foram criados no início dos anos 1990. Eles têm como denominador comum romper o isolamento dos indivíduos de mais idade. "O problema é o vínculo social com as pessoas e isto é muito importante, porque aqui se pode ficar completamente isolada", diz a sra. Irène, ex-diretora do CCAS. Somente em 1990 os serviços sociais municipais criaram a teleassistência, preocupados que estavam com o crescimento da população idosa e dependente que queria continuar vivendo em suas próprias casas.

Contudo, o projeto de desenvolver benefícios mais técnicos para o atendimento a essa população ainda não se transformou em realidade. Mesmo que a municipalidade tenha avaliado sobre a urgência de se criar dispositivos de assistência social para atender às necessidades da população com mais idade, falta decisão política que pressione a realização de reformas que modifiquem a estrutura atual das ações sociais.

A cultura técnica da população com 60 anos e mais é uma questão que parece sensibilizar os membros do CCAS e os representantes municipais que orientam a política social de Verrières. Para eles, a proposta da ação social é clara: considerar as necessidades sociais latentes da população local. Contudo, a prática dos serviços sociais revela a sua dificuldade para elaborar um levantamento da população envelhecida e carente que permita traduzir concretamente suas demandas por serviços e objetos técnicos. Não se trata de dizer que a tecnicidade dos serviços resolveria todas as dificuldades cotidianas da população de mais idade, que perde progressivamente a autonomia, mas de considerá-la uma solução adaptada à panacéia de outros apoios que são adicionados ao acompanhamento humano. Esta é, certamente, a perspectiva da equipe municipal quando pensa na coletividade.

Entretanto, a infra-estrutura cognitiva do grupo e dos indivíduos que o compõem ainda está impregnada de uma visão que poderíamos chamar de sócio-humanista, herança da tradição municipal, pautada por valores da caridade e do humanismo cristãos. Sob este prisma são interpretadas as necessidades locais e pensadas as soluções para a resolução dos problemas. Para esses atores, a vocação dos serviços sociais municipais é de velar pela harmonia da municipalidade e pelo bem-estar da população. Este bem-estar deve, obrigatoriamente, passar por soluções técnicas e cabe ao poder público sugeri-las e implementá-las. O município executa as deliberações legislativas dos governos central, regional e departamental, que são em parte por eles subvencionadas; os serviços de suporte técnico são dispendiosos e, como o orçamento é limitado, o município recorre a financiamentos externos. Como disse o secretário de Ação Social: "O telealarme foi implantado pelo CCAS porque seu custo não é alto, já os outros...". Mas não é somente o custo que está em jogo, é mais pertinente considerar que "oferta e demanda se constroem juntas através da conjugação, de um lado, de uma construção técnica dos usos e dos usuários e, de outro, da construção social dos usos quando a técnica entra em cena".[112]

À medida que a questão do vínculo social ocupa um lugar central nas representações dos agentes dos serviços sociais e, principalmente, dos dirigentes locais, não é surpreendente que o primeiro serviço de suporte técnico implantado tenha sido o telealarme, cuja função é a de agilizar o contato entre a pessoa de idade em situação de emergência ou de solidão e os atendentes da empresa que presta o serviço: comunicação telefônica direta através de pressão no detector do aparelho. Os serviços de suporte tecnológico que compensam eventuais deficiências parecem ter sido praticamente pensados como fatores de isolamento suplementar, pois não demandam atendimento humano. Para a maior parte das pessoas entrevistadas, é sempre preferível o contato humano à máquina, por diversas razões. Tomemos como exemplo o sistema de segurança eletrônica (*domotique*)[113] para o fechamento automático de portas e janelas, destinado aos portadores de deficiência física ou não. Acionado pelo controle remoto, ele pode certamente solucionar esse problema e, eventualmente, criar outro: solidão cotidiana. Além disso, o alto custo de instalação retarda sua implementação, pois quem irá financiá-lo: a prefeitura ou as pessoas necessitadas? A afirmação de Paillat (1995) — "o exemplo encorajador desta velha senhora sueca, circulando em sua cadeira de rodas pela casa, onde vivia sozinha, capaz de cortar suas roseiras no jardim ou mesmo de tomar um banho sem ajuda" — nos leva a indagar se a domotização da vida cotidiana não leva a efeitos perversos, substituindo as formas de dependência física por um isolamento psíquico também prejudicial.

---

[112] Clément, 1999:9.

[113] Uso da informática nos sistemas de segurança doméstica ou para facilitar as tarefas cotidianas.

Para o município, a deterioração das estruturas sociais tradicionais é a causa principal das dificuldades encontradas pela pessoa de mais idade. A nuclearização das famílias é percebida como uma mudança social crucial que se reflete nas pessoas de mais idade, suas demandas de bem-estar são difusas e imprecisas e as soluções propostas são parcialmente técnicas. Não podemos esquecer que estas são gerações que ainda viveram em famílias extensas, onde cada membro tinha um papel a desempenhar e a solidariedade era o cerne das relações familiares. O processo de individualização e a transformação das relações familiares não podem ser respondidos pela multiplicação de serviços de suporte técnico; a família ainda é a mediadora privilegiada entre seus membros mais velhos e os objetos técnicos. Considerando que pertencemos a uma sociedade multigeracional, "no uso das tecnologias, o papel das trocas entre gerações é essencial pois a renovação das técnicas é muito mais rápida do que a renovação das gerações".[114]

Centrar nas soluções humanas mais do que nas respostas técnicas é a perspectiva adotada pela política municipal e suas esferas de atuação. Assim, o secretário da Ação Social, respaldado pelo prefeito, afirma que

> existem umas 50 pessoas idosas que ainda vivem nas suas casas e que ainda podem continuar vivendo se passarmos todas as noites nas suas casas para ver se fecharam todas as janelas e portas etc. Poderíamos, quem sabe, empregar um multifunções para trocar as lâmpadas, ajudar o serviço de atendimento de enfermagem, para verificar se tomaram os remédios etc. Se nós pedíssemos, para essas 50 pessoas, uma mensalidade entre €76 e €152 para os casos mais graves, já teríamos entre €3.800 e €11.552 e poderíamos pagar duas pessoas! (...) Só o serviço público pode organizar isso.

Os atores da cena gerontológica de Verrières têm as mesmas preocupações expressas pela sociedade francesa. Há uma certa reticência à

---

[114] Attias-Donfut, 1999:5.

ideologia tecnicista contemporânea, questionada pelas benfeitorias de um progresso técnico que só fornece uma resposta parcial às dificuldades por que passam as pessoas de mais idade, e até gerando novas. Identificando a questão do vínculo social como objetivo principal, a equipe municipal retarda a inovação técnica em troca de um cuidado mais adaptado às necessidades físicas, psicológicas e relacionais, provocando assim um verdadeiro hiato entre a avaliação social da tecnologia e a avaliação técnica da sociedade. Este distanciamento pode também ser justificado pelo fato de que o grupo que toma as decisões políticas locais é composto por indivíduos que não lidam com as novas tecnologias. Como assinalam Mercier, Plassard e Scardigli, algumas pessoas de nível superior que dispõem de conhecimento e cultura que lhes permite dominar as técnicas constituem, paradoxalmente, uma categoria que se distancia dos novos produtos, por falta de tempo a lhes consagrar. O secretário da Ação Social confessa que "depois que meus filhos completaram 10 e 12 anos, estou numa fase que não sei mais como funcionam os aparelhos lá de casa. A minha grande dificuldade nisso é que teria que botar para funcionar diariamente para entender e não ter que ler as instruções cada vez que for usar". Esse *handicap* tecnológico, que afeta os governantes locais, não favorece a criação de uma política local voltada para os serviços essenciais de suporte tecnológico, sem abdicar da interação social.

Talvez fosse interessante observar os efeitos conjugados de uma representação das tecnologias que põe em evidência seu custo, considerado proibitivo, e sua influência supostamente negativa. Os governantes devem apresentar uma gestão clara das despesas públicas em um contexto que, aliás, é marcado por restrições no orçamento, pois devem fazer face às questões de desemprego que, necessariamente, repercutem sobre a utilização do orçamento municipal. Há, assim, uma certa tendência a privilegiar as soluções menos custosas e favoráveis à política de emprego. Essa é a lógica do secretário da Ação Social, que prefere recorrer aos atendimentos domésticos que solucionam necessidades individualizadas expressas pelas pessoas de mais idade, a implantar um sistema de segurança informatizado nas moradias, que seria complexo e custoso. O fato de que todos os serviços de apoio às pessoas envelhecidas sejam deficitários, ainda que a população desse município seja mais abastada do que a de outros, não estimula a municipalidade a se orientar para soluções mais custosas, ainda mais com um orçamento já bastante apertado.

Acompanhamento e coordenação dos serviços de suporte tecnológico

Ainda que os serviços sociais municipais e departamentais procurem dividir as atribuições e articulá-las para evitar eventuais duplicações que possam gerar confusão e, principalmente, custos excessivos, o fato é que a Coordenação Gerontológica das questões ligadas a essa população específica não consegue finalizar o planejamento anual sem apresentar um alto déficit, como foi apontado nos relatórios do Tribunal de Contas regional, ainda que possa se tratar de uma referência mais formal do que real.[115]

Ainda nessa lógica da eficácia e para evitar que somas importantes sejam investidas em apoios dirigidos a um número extremamente reduzido de indivíduos, os serviços sociais devem realizar um trabalho de divulgação sobre os serviços que propõem. É através de um discurso de acompanhamento e de divulgação sistemática que seus serviços sensibilizam os usuários em potencial e rentabilizam os investimentos realizados. Contudo, em relação aos serviços de suporte tecnológico e, particularmente, ao telealarme e à entrega domiciliar de refeições,[116] tudo aponta para a sua relativa ineficácia, tanto na coordenação quanto na mediação dos serviços prestados. O exemplo do telealarme ilustra essa afirmação.

---

[115] Veysset-Puijalon e Bouquet, 1995.

[116] Sistema de entrega diária de refeições prontas para as pessoas de idade e/ou incapacitadas que têm dificuldade para preparar seus alimentos.

Criado em 1990, o serviço foi rapidamente solicitado por 130 pessoas de mais de 60 anos que viviam na cidade. Considerando o envelhecimento demográfico de Verrières, poderíamos supor que essa população aumentaria ao longo dos anos. De fato, no conjunto da população, as pessoas de idade são cada vez mais numerosas e a idade média de mortalidade não pára de aumentar. Mas, desde então, as demandas por esse serviço vêm diminuindo cada vez mais: 90 pessoas já cancelaram. No início da pesquisa (1999), apenas 40 pessoas ainda mantinham o sistema de telealarme. Ou seja, em menos de 10 anos de prestação do serviço, ele já não atrai a população a que se destina. O que observamos é que a informação não atinge as pessoas de mais idade, especialmente os seus familiares que são, na verdade, os mais interessados na segurança dos seus parentes idosos. Estes, por sua vez, dificilmente pedem a instalação do equipamento, porque desconhecem suas vantagens ou avaliam que ainda não necessitam, ou ainda porque não têm recursos para arcar com os custos e não querem debitar da conta dos filhos.

Um exemplo poderá esclarecer esse ponto: a sra. Sophia, originária da Europa central, vive com o filho desde que sua irmã, com quem vivia em Paris, morreu. Instalada em uma casinha pequena que fica no quintal da casa do filho, ela fica perto da família e recebe os conhecidos da sua comunidade de origem. Se, por um lado, esta solução evita o internamento de dona Sophia e seu distanciamento da família, por outro provoca uma tensão entre autonomia individual e participação na vida coletiva da família. Pois, desde que instalaram internet, os netos passam horas navegando e ela dificilmente consegue usar o telefone para se comunicar com a casa principal. Essa tensão poderia ser evitada com a instalação do telealarme, mas, como ela não usa nenhum serviço do CCAS, a família ignora sua existência.

Quando um serviço é solicitado ao CCAS, seus agentes tratam de divulgar os demais benefícios sociais que oferecem enquanto fazem uma avaliação das necessidades do solicitante. O que se observa é que a solicitação dos serviços se faz aos poucos, conforme a progressão da dependência dos solicitantes. Em geral, a primeira demanda é por uma atendente domiciliar, depois solicitam a entrega de refeições no domicílio e, finalmente, o telealarme, que, nas representações dos usuários de idade, significa a quase absoluta perda de autonomia, por isso há uma certa relutância em pedi-lo. É um período relativamente longo entre a primeira solicitação e o momento em que se percebe a necessidade de instalação de um telealarme. Em geral, é a atendente domiciliar que informa sobre o telealarme, mesmo sem autorização para dar essa orientação, pois não está habilitada a elaborar uma avaliação técnica das condições físicas e mentais das pessoas de mais idade.

Como dissemos, os parentes próximos são os mediadores na relação com o serviço social do município e, como os mais interessados em conhecer as possibilidades de apoio, sugerem a instalação do sistema de telealarme, que lhes tranqüiliza e lhes desobriga.[117] O problema maior é convencer seus parentes idosos a pendurar o aparelho no pescoço.[118] Se, num primeiro momento, há aceitação no uso permanente do aparelho, rapidamente ele é posto de lado. "As pessoas nos dizem que não é ruim, mas, quando se vêem com isso pendurado, não querem mais", diz uma atendente domiciliar.

Sem dúvida, essa recusa está ligada ao fato de que o telealarme é sinônimo de perda quase total de autonomia, mais do que isso, seu porte é aviltante e rejeitado pela maioria das pessoas. Os organismos sociais que propõem esse tipo de serviço desconhecem a mudança de atitude dos usuários. É preciso examinar as conseqüências da promoção de um serviço ineficaz ou insuficiente. Exemplo disso foi o que ocorreu na casa para aposentados Arepa, que decidiu cancelar o serviço de telealarme prestado pelo CCAS, optando por um sistema pró-

---

[117] As primeiras demandas familiares por esses serviços são dirigidas ao CCAS, em geral, durante uma ausência mais longa da família (férias ou viagem de trabalho). Inicialmente, solicitam o atendimento doméstico para que seus velhos tenham um contato diário com alguém, depois a entrega das refeições.

[118] Ver descrição em "O telealarme: recusa e estratégias de rejeição", mais adiante neste capítulo.

prio que atendesse a um número maior de residentes, sem constrangê-los com o "medalhão eletrônico", como dizem.

A entrega das refeições no domicílio é outro serviço de suporte tecnológico criado pela prefeitura. Até julho de 1996, o CCAS entregava refeições quentes para as pessoas com mais de 60 anos que as solicitavam. As entregas eram feitas pela manhã; logo, ou as pessoas consumiam imediatamente para não esfriar, ou tinham que reaquecer posteriormente. A operação apresentava alguns problemas, pois o condicionamento dos alimentos não era adaptado para o reaquecimento no forno tradicional, nem no fogo. A solução era o banho-maria, procedimento que requer uma série de manipulações relativamente complexas para pessoas de mais idade. Procurando melhorar o serviço, a municipalidade criou a "cozinha de conexão fria",[119] na qual as pessoas inscritas recebem a refeição fria, em recipientes que podem ir ao forno ou ao microondas,[120] e o melhor, descartáveis. Os usuários deixam de se alimentar com produtos requentados e não precisam lavar a louça. A cozinha de "conexão fria" representa os sistemas técnicos que se caracterizam pela conjunção de dois elementos: seu caráter extremamente elaborado do ponto de vista da construção e funcionamento das suas instalações e a comodidade de uso que reduz ao mínimo a competência exigida do usuário.

O público atendido pelo CCAS é composto majoritariamente de mulheres que vivem sozinhas e cuja média de idade ultrapassa os 80 anos. Os homens sós não são numerosos, o que não é novidade, em face da existência de processos diferenciais de envelhecimento de homens e mulheres.[121] Considerando que o preço da refeição é de €3,50, sua clientela pertence fundamentalmente às camadas médias. Uma das coordenadoras desse serviço afirma que

---

119 Em francês: "*cuisine en liaison froide*".

120 As atendentes domiciliares incentivam as pessoas de idade a adquirir o aparelho.

121 Attias-Donfut, 2001; Peixoto, 1997.

> para uma pessoa que vive em HLM e ganha €381, não dá. Ela não pode pagar diariamente uma refeição entregue em casa por €3,50. Uma vez ou outra pode ser, mas todos os dias não dá, é muito caro. É gente que tem um certo nível de vida... que mandava ou dirigia os outros (...) Deve ser isso, pois uma pessoa que trabalhou modestamente toda a sua vida e que mora em HLM está mais acostumada a se virar.

A entrega de refeições no domicílio encontra um duplo obstáculo para a sua implantação: razões de hábito social e econômicas. Além disso, outro fator deve ser considerado no processo de convencimento das pessoas de mais idade para que lancem mão desse serviço: levar em conta a relação que cada um mantém com seu corpo envelhecido. Por várias razões, estas pessoas freqüentemente encontram dificuldades para abrir os recipientes e avaliar o tempo mínimo de reaquecimento. Entre as pessoas entrevistadas, muitas vivem sozinhas e são capazes de efetuar as manipulações necessárias, mas observamos que elas recorrem à atendente domiciliar menos para reaquecer as refeições do que para lhes fazer companhia enquanto comem. Outro fator a considerar refere-se às pessoas que perderam suas referências temporais. A visita da atendente doméstica, em horário regular, permite-lhes manter um ritmo cotidiano, ditado por atividades pontuais. São os membros do CCAS que estabelecem o vínculo entre as pessoas de mais idade e o objeto tecnológico, estruturando a vida cotidiana.

Esta nova tecnologia de restauração alimentar exige uma vigilância permanente, pois, como afirma a responsável pelo setor do CCAS que atende esse grupo etário,

> o princípio é bom se a corrente do processo é respeitada, desde a fabricação até a entrega. É como se você descongelasse uma coisa que não pode mais ser congelada. É o mesmo princípio. Então, é preciso que seja consumido em 24 horas. Acontece que as pessoas de idade, nos fins-de-semana ou durante as férias de Natal [15 dias], quando o serviço não funciona, ficam sozinhas e trocam as

datas ou não comem. A gente pede para as atendentes domésticas, que distribuem as refeições, verificarem se as pessoas não se enganam nas datas. Senão, pode dar um problema, pois na quinta-feira nós entregamos para a sexta e na sexta-feira para o sábado e no sábado para o domingo. Nunca mais de duas refeições ao mesmo tempo, porque senão eles podem comer o que é mais recente e deixar o mais antigo para o fim.

As pessoas de mais idade consomem, assim, produtos elaborados com uma tecnologia a que eles não têm acesso direto. Consideramos que estes produtos desempenham o papel de intermediários sociais, uma vez que contatos são estabelecidos entre os agentes sociais e as pessoas de mais idade. Estas, quando são indagadas sobre o grau de satisfação do serviço — receitas, tempo de cozimento etc. — têm a possibilidade de sugerir modificações no cardápio, na quantidade de sal e óleo ou no modo de preparação dos alimentos.

Residências, casas para aposentados e clínicas geriátricas: prioridade para as tecnologias de prevenção

Indicamos anteriormente que existem quatro estabelecimentos gerontológicos na cidade de Verrières. Eles se diferem pelo tipo de abrigo proposto, assim como para quem se destinam. Foi a municipalidade que estimulou a implantação dos primeiros estabelecimentos para a sua população menos favorecida: as casas para aposentados Léon Maugé e Arepa são um exemplo. Num segundo momento, as residências para seniores foram favorecidas porque se inscreviam no modelo *prêt-à-vivre,* que se propõe a assistir os residentes em todas as suas necessidades cotidianas, inclusive sociabilidade: a Residência do Bosque e a Residência Paul Gauguin.[122]

---

[122] Não estudamos esta residência, pois tinha sido recém-inaugurada, em abril de 1999.

Estabelecimentos para pessoas com mais de 60 anos*

- *Casa para aposentados* (*maison de retraite*) — elas oferecem um conjunto de benefícios como habitação, refeições, lavanderia, atendimento médico e outros serviços. Algumas são medicalizadas e recebem pessoas semidependentes. Elas podem ser públicas ou privadas. As públicas são financiadas pelas caixas de complementação da aposentadoria, pelo Estado e pelos municípios. Os residentes pagam uma parcela com suas aposentadorias.
- *Residências para aposentados* (*foyer-logement*) — destinadas a pessoas totalmente independentes. Podem ser privadas ou públicas e financiadas pelos mesmos agentes do tipo acima, com os mesmos serviços básicos, além de outros de maior conforto. Os residentes podem solicitar os serviços de atendimento domiciliar. Traduzimos por residência porque a maioria delas se autodenomina *résidence*, para se diferenciar das casas para aposentados.
- *Casas de repouso para as pessoas idosas dependentes/MAPAD* — elas têm assistência médica para as pessoas que já não controlam mais seu cotidiano, que são acompanhadas em todas as suas atividades, inclusive de higiene.

* Em todos eles, os residentes pagam uma prestação mensal, proveniente da aposentadoria. Aqueles que não têm recursos recebem ajuda social do departamento, mas isto implica a "recuperação por sucessão" (doação do patrimônio ao governo).

Selecionamos dois desses estabelecimentos para aposentados, independentes ou semidependentes: a Residência do Bosque e a Arepa. Em ambos, as pessoas não ficam confinadas, com a liberdade de ir e vir. Antes de analisar o lugar ocupado pelos serviços de suporte tecnológico nessas moradias coletivas, é interessante apresentar a estrutura de cada uma e a população residente.

A Arepa (Associação das Residências para Pessoas de Idade) foi criada no início dos anos 1970. Construído em um terreno cedido pela prefeitura, o prédio de quatro andares com 77 apartamentos do tipo estúdio/kitchenette tem capacidade para abrigar 80 pessoas. Em 1999, 75 pessoas lá moravam, sendo 11 homens e 58 mulheres vivendo sós e apenas três casais. A maioria exerceu profissão intermediária: mais da metade dos residentes trabalhou em funções diversas nas empresas ou no comércio e como operários(as); uma dezena de mulheres foi dona-de-casa. Em Verrières, a imagem da Arepa é a de uma casa para aposentados que "não têm muitos meios", "para gente que não pode mais viver sozinha, que está isolada e se deprime". Construída para acolher residentes independentes, pois não dispõe de equipamento hospitalar e tampouco de pessoal médico,[123] acabou criando um atendimento de enfermagem para aqueles que, com o avançar da idade, foram se tornando mais dependentes física e psiquicamente. Segundo a diretora, são os filhos que mais incentivam os pais a morar nas casas para aposentados, sobretudo quando eles começam a ficar mais dependentes e os serviços do CCAS já não são suficientes. Este, no entanto, não é o motivo principal. Muitos nunca tinham morado antes em Verrières e vieram se instalar nas casas para aposentados da cidade para ficar mais perto dos filhos ou parentes que residem ali ou nas redondezas.

A Arepa fica no alto de uma ladeira, o que dificulta o deslocamento daqueles que têm problemas de locomoção. E como não está exatamente no centro comercial da cidade, a distância e a ladeira íngreme não favorecem o relacionamento entre seus residentes e a população local.

Criada em 1972, a Residência do Bosque é destinada aos pensionistas da Agirc,[124] de maior poder aquisitivo. São 106 apartamentos de dois tipos: no estilo estúdio com kitchenette (28m²) ou de quarto, sala e cozinha (61m²). Recentemente, foram criados nove quartos com camas hospitalares, que permitem aos residentes que necessitam de pequenos cuidados médicos "ficar no meio familiar", segundo o diretor, sem ter que ser hospitalizados.

A Residência do Bosque é descrita pela população de Verrières como oposta à Arepa, porque "ela recebe as pessoas num ambiente luxuoso, tem vários serviços, restaurante seleto etc.". Decorada como um hotel de grande estilo, a Residência do Bosque pretende se diferenciar de uma casa para aposentados, não somente através da designa-

---

[123] Somente enfermeiras em tempo integral.

[124] Associação Geral das Instituições de Aposentadoria dos *Cadres* (profissionais de nível superior, executivos).

ção "residência", como também pela clientela selecionada segundo critérios socioeconômicos. Ela é socialmente homogênea, visto que "aqui, não servimos à mediocridade", afirma o diretor, que insiste sobre o "ambiente" que reina e estimula intelectualmente a sociabilidade.

Se analisarmos o quadro 2, veremos que a gama de serviços de suporte tecnológico oferecida por estes dois estabelecimentos é precária. Seus diretores não pensam em ampliar seus equipamentos tecnológicos, uma vez que estes estabelecimentos não têm vocação para acolher pessoas totalmente dependentes, física e psiquicamente.[125] É por isso que os projetos de desenvolvimento são semelhantes: instalações que dêem maior segurança para os residentes e objetos técnicos capazes de compensar suas deficiências físicas.

A procura por um lugar seguro, tanto por parte das famílias quanto pelas próprias pessoas de mais idade, é um dos principais motivos para a entrada em um abrigo-residência. A segurança é assim o fio condutor da política de reestruturação dos serviços e ela se concretiza em duas direções: segurança interna dos residentes, diante do risco de acidentes decorrentes da velhice, e segurança externa, para proteger os residentes de eventuais agressões.

Vejamos, então, os procedimentos adotados por estes dois estabelecimentos.

O telealarme: recusa e estratégias de rejeição

O telealarme foi o primeiro serviço de suporte tecnológico proposto aos residentes. Vimos que a Arepa recorreu, primeiramente, aos serviços do CCAS e depois instalou seu próprio sistema. Administrado internamente, o serviço otimiza sua eficácia pois, em caso de urgência, a intervenção é imediata, sem passar por uma central externa

---

125 As camas hospitalares da Residência do Bosque são destinadas somente aos moradores cujo estado de saúde se deteriora com o tempo; ela não recebe residentes doentes que necessitam de assistência médica em tempo integral.

de recepção de alertas. O princípio é o mesmo: um sistema de alarme no quarto para as pessoas se comunicarem com a central telefônica, solicitando o que necessitam.

Na Residência do Bosque, existem dois sistemas de telealarme, um para os residentes autônomos que podem se locomover para acionar o alarme fixo e outro para os residentes dependentes: o "medalhão", um cordão pendurado no pescoço com o microcontrole. Todos os cômodos dos apartamentos são equipados com alarme fixo. Quando a dependência de uma pessoa corresponde aos níveis 3 ou 4, estabelecidos pela Aggir (Autonomia Gerontológica Grupo Iso-Resources),[126] ela recebe um alarme portátil com capacidade de captação de até 2km de distância da residência. Assim, as pessoas podem sair da residência em segurança. A residência possui ainda um sistema de detecção de fumaça e calor que aciona o alarme, sem que o residente tenha que intervir. Todos os apartamentos e os espaços coletivos da residência — salões de jogos, de televisão/vídeo, de leitura, restaurante e a garagem — são dotados desse sistema tecnológico.

Como assinalamos, as pessoas independentes são muito reticentes à utilização do "medalhão". Ora, desde que adotou seu próprio sistema, a Arepa instituiu o uso obrigatório do "medalhão", que era facultativo, apesar de aconselhado. Essa medida foi recebida friamente pelos residentes que a consideram coercitiva, estigmatizante, privando-os de liberdade mas, principalmente, controlando seus movimentos. O telealarme é, para eles, sinônimo de dependência e aqueles que ainda são autônomos se sentem, subitamente, marcados como "velhos". Assim, se a maioria declarou ostensivamente à gerência que não usaria o "medalhão", outros decidiram não discutir, mas deixaram seus controles guardados no armário. Um deles, o sr. Jean, resolveu pendurar na parede do quarto, como enfeite. Ainda que expressem claramente

---

[126] Permite avaliar o grau de autonomia física e psíquica das pessoas e a possibilidade de realizarem as atividades básicas da vida cotidiana. Foi elaborada por médicos da Seguridade Social e da Sociedade Francesa de Gerontologia.

a rejeição a este objeto, que julgam degradante, a decisão administrativa, que não considerou seus efeitos psicológicos e sociais, foi mantida.

A mesma decisão foi tomada pela administração da Residência do Bosque, mas o "medalhão" só foi distribuído para as pessoas dependentes. De todo modo, é a utilização desse objeto técnico, que de um lado assegura o atendimento imediato às pessoas e do outro marca a passagem da autonomia à dependência, que todos querem evitar. Além disso, o aspecto aviltante do objeto é a razão da grande relutância manifestada pelas mulheres. Elas apontam para o seu caráter antiestético. "Confesso que ficarei chateada se tiver que usar isso! Como uma bijuteria, encontraria coisa melhor! Espero que até lá já tenham inventado algo mais discreto e bonito", espera a sra. Gisèle que, aos 78 anos, se preocupa bastante com a aparência.

Podemos questionar a eficácia desse serviço que, mesmo não sendo totalmente rejeitado, parece apresentar múltiplos problemas de uso, assinalados pelas atendentes domiciliares e alguns residentes. A concepção ergonômica do aparelho é um deles: as mãos deformadas pela artrose ou com algum tipo de paralisia parcial não conseguem acionar o alarme. Outro, é a dificuldade para memorizar a função do controle remoto e a serventia do objeto que trazem pendurado ao pescoço: "eles têm a impressão que é decoração", diz uma atendente domiciliar.

Na Residência do Bosque, os residentes também têm estratégias para evitar o uso do "medalhão": escondem atrás dos móveis ou em gavetas. O casal Henri/Charlotte, por exemplo, guarda atrás dos livros para dissimular o olhar das visitas, evitando revelar uma possível perda de autonomia.

Os detectores de fumaça e de calor também pertencem a esta categoria de objetos técnicos que são percebidos como "sinais da idade". Aceitar esses sinalizadores infravermelhos na vida privada é admitir que pertencem a um grupo "de risco" que esquece de desligar o aquecimento, o gás ou a panela no fogo. Todos estes esquecimentos, considerados sinais de envelhecimento cerebral, designam de imediato a pessoa deficiente, razão pela qual as pessoas entrevistadas insistem nas disfunções do sistema que, muitas vezes, foram até motivo de diversão: "Um dia, nós reunimos um grupo no salão e, de repente, o alarme de incêndio disparou. Deve ser porque o ambiente era caloroso e ele é muito sensível"; "Eu tinha um fogão que acionava o alarme do apartamento cada vez que eu ligava o forno, sem fumaça e sem calor. Lá embaixo, todos diziam: 'dona Amélie deve estar fazendo alguma coisa no forno'". Ou ainda: "Comigo ele disparou duas vezes, porque coloquei pão na torradeira e tostou um pouco. Mas comi assim mesmo porque não estava queimada". Nas entrelinhas dessas histórias contadas em tom de anedota, se percebe a tristeza pela constatação de que estes sistemas de vigilância refletem, na verdade, a decadência física e mental do processo de envelhecimento.

A televigilância: uma lógica de distinção?

A Residência do Bosque instalou um sistema de detecção por meio de câmeras de vídeo e alarmes para impedir que as pessoas indesejáveis entrem nas suas dependências; como disse o diretor: "Com a proximidade do bosque de Verrières, de tempos em tempos encontramos gente de fora aqui dentro, uns jovens maconheiros". Ainda que se justifique por sua localização particular, próxima ao bosque, é evidente que o investimento na segurança informatizada é um reflexo da representação dos residentes e da administração sobre os jovens "maconheiros" da cidade, mesmo que nenhuma agressão tenha sido praticada até agora. "As pessoas que moram aqui não guardam muita coisa, alguma jóia que usam sempre e nenhum dinheiro, porque oferecemos tudo que precisam. Mas é perturbador, há uma inquietação", afirma o diretor. Mais do que isso, esta inquietude parece ser expressão do olhar que estes residentes de alto poder aquisitivo lançam às outras camadas sociais da população. Esta política administrativa é também uma resposta à ideologia alarmista de segurança pública, cujo discurso cotidiano recai sobre o perigo que representa a periferia de Paris, onde se localizam grandes conjuntos habitacionais.

Os moradores da Residência do Bosque ficam distantes da vida pública local e raros são os que participam das atividades sociais propostas pelo CCAS. Assim, se os residentes da Arepa são freqüentadores do clube da terceira idade, os da Residência do Bosque raramente aparecem, para não se misturar aos outros. "Não vou me reunir com essas velhinhas para ficar falando sempre das mesmas coisas." Além disso, eles consideram as atividades da Arepa "populares" demais, principalmente o baile mensal: "Você só vai escutar os eternos cantores de canções de 1920, com seu acordeão". Para o diretor, os residentes são mais interessados em atividades culturais do que ocupacionais, em razão de suas origens socioeconômicas. Vivem entre si, encorajados por uma administração que, mesmo declarando estimular a abertura e o contato social, admite que a residência "tem uma tendência a ser auto-suficiente, mas é preciso fazer com que eles se interessem mais pela cidade. Talvez exista uma fissura um pouco (...) sociológica".

Este dispositivo de segurança, pretendido pelo diretor da residência, pode ser interpretado como uma metáfora da relação entre seus residentes e a população da cidade. Ao escolher esse investimento, a administração e a comunidade residencial, cujo pertencimento social é bem demarcado, indicam como percebem a si mesmos e aos outros membros da sociedade local. Ao querer fazer da residência uma "fortaleza bem guardada", termo empregado por Akrich e Méadel (1987), seu diretor transforma a população residente em uma microssociedade homogênea, mas ameaçada em sua integridade.

A implantação de um sistema de segurança informatizada reflete, entre a gama possível de objetos técnicos, a vontade de assegurar aos seus residentes um cotidiano hermético em face do mundo exterior, expresso por sua diferença irredutível ou por uma suposta periculosidade.

Associações socioculturais e novas tecnologias

Aposentadoria não é mais sinônimo de inatividade absoluta, de ausência de participação social e recolhimento doméstico. Muitos são aqueles que, ao atingir a idade da aposentadoria, se engajam em outras atividades para preencher o vazio deixado pela perda da atividade profissional.[127] A grande participação das pessoas de mais de 60 anos no mundo associativo é prova disso, assim como o próprio crescimento das associações 1901 e das ONGs na França. A partir dos anos 1980, o setor associativo cresceu muito e se estendeu para vários outros setores socioculturais, hoje são 700 mil, das quais 2 mil reconhecidas como de utilidade pública, sendo 800 fundações. Elas desempenham um papel importante nos campos em que o Estado e a Seguridade Social se mostram deficitários ou incapazes e são fundamentais no domínio das políticas sociais. São insubstituíveis "na dinâmica social e na descentralização da satisfação das necessidades, mas não podem substituir o sistema de regulação do mundo do trabalho e da proteção social implantado há décadas".[128]

Assim, a política gerontológica do município procura valorizar as relações entre gerações e os grupos sociais diferenciados e considera que a inserção das pessoas de mais idade na sociedade deve ser realizada, também, através da participação ativa na vida associativa. Seguindo as diretrizes das políticas sociais para a velhice, a municipalidade procura manter as pessoas de idade o maior tempo possível em seus domicílios e, por isso, apóia as propostas associativas que promovem o vínculo social entre as gerações, os grupos sociais ativos e inativos, como forma de evitar o isolamento social e, conseqüentemente, a decadência física e mental.

Rapidamente, multiplicaram-se as associações com focos diversos, permitindo aos jovens aposentados uma nova possibilidade de

---

[127] O retorno ao trabalho após a aposentadoria não existe na França. Proibido aos funcionários públicos, ele é raramente acionado pelos que trabalham no setor privado. Se, no setor público, eles são obrigados a se aposentar aos 65 anos; no privado, podem continuar trabalhando mais tempo se são donos de sua empresa, mas raros são os que permanecem no mercado de trabalho após a idade da aposentadoria. Peixoto (2004) realizou um estudo sobre essa questão no contexto brasileiro.

[128] Join-Lambert et al., 1997:74.

inserção social, através de atividades socialmente reconhecidas. Para Théry (1993:167), "trata-se, de alguma forma, de inventar a atividade na inatividade, de inventar formas de trabalho livre". E o voluntariado se tornou praticamente um substituto do trabalho profissional.[129] Hoje, 40% das pessoas de mais de 70 anos contribuem ativamente para a dinâmica associativa francesa. Elas se engajam em todos os campos do setor associativo: educativo, cultural, social, caritativo e humanitário, investindo também no desenvolvimento do Terceiro Mundo, inclusive no Brasil,[130] na ajuda aos desempregados, aos sem-documento e sem-teto, no tutorado de jovens em dificuldade, na ajuda às pessoas deficientes etc. A vontade das pessoas de mais idade em participar da realidade contemporânea e de disponibilizar sua experiência e tempo livre ao serviço da coletividade é acompanhada, também, pela preocupação em não se deixar levar pelo isolamento, temido por todos os que vivem a aposentadoria como marginalização da vida social e econômica. Trata-se de participar e trocar para manter o vínculo social, afirmam Chokrane e Hatchuel (1999). Como diz o coordenador da Comissão Social: "As pessoas que são retiradas muito cedo do trabalho ainda têm necessidade de criar para si regras e ritmos e essas associações são muito interessantes nisso". A atividade associativa constitui efetivamente um espaço que estrutura o desenrolar do cotidiano, doravante liberado de certos constrangimentos mas, também, das marcas ligadas ao exercício da profissão.

Verrières conta com 247 associações 1901, entre filantrópicas, ONGs, clubes não-privados, associações diversas etc., classificadas pela prefeitura em diferentes setores: social (51), cultural (15), esportivo

---

129 A partir de 1992, o Conselho Econômico e Social passou a incentivar o investimento dos aposentados e pessoas de idade em atividades de utilidade pública.

130 A Cepromar (Centro de Educação e de Formação Profissional do Maranhão), é uma associação franco-brasileira, criada há mais de 30 anos por um padre francês, que mantém um centro de formação para 120 meninos de rua. Trata-se de uma ONG católica com ramificações em outras cidades francesas. A de Verrières tem 150 membros.

(43), escolar (5), habitação (29), juventude (12), lazer (38), diversos (54). Deste total, 43 são dirigidas por aposentados e apenas quatro estão voltadas exclusivamente para pessoas de mais de 60 anos: Associação dos Moradores da Arepa, Associação Movimento Cristão dos Aposentados, Clube Bel Âge e Comissão de Ajuda aos Anciãos de Verrières.

Como vimos, esta propensão dos aposentados a entrar na vida associativa não é um fenômeno exclusivo de Verrières. Ela começou a se manifestar nos anos 1970, a partir dos decretos governamentais que promoviam as atividades sociais para os aposentados e pessoas de mais idade "para que continuem úteis, ativos, participativos, sem que sintam que o apoio que lhes damos seja um estorvo".[131] Desde então, os aposentados de Verrières parecem investir muito no setor associativo, contudo é preciso notar que o grau de implicação deve ser analisado em relação ao seu estatuto socioeconômico. Em geral, são aqueles que pertencem às camadas médias que mais participam das associações de caráter social, cultural e humanitário. Como disse o coordenador da Comissão Social: "A maioria dos *verriérois* de nível superior e técnico, com rendimentos onde a questão do dinheiro não se coloca, está na direção das associações. Todas elas têm gente da terceira idade na coordenação". Esta não é, contudo, a prática daqueles que vivem nas residências para aposentados (Arepa e do Bosque), uns e outros têm tendência para viver em seus mundos e nas atividades sociais específicas de seus grupos etários.

Como a municipalidade atribui extrema importância à manutenção do vínculo social e às relações entre gerações, consideradas a chave-mestra de uma coexistência harmoniosa entre as diferentes categorias de idade e de renda que compõem a população local, todos os inativos que se inscrevem nesta lógica são encorajados e mesmo convocados a participar. Para isso, a prefeitura disponibiliza espaços e pequena subvenção. Esse apoio pode também se traduzir por uma ver-

---

[131] Circular de 20 mar. 1978, §32.

dadeira delegação das responsabilidades, como é o caso da Associação das Famílias de Verrières-Le-Buisson (AFVB), que reúne profissionais liberais e professores aposentados para dar suporte escolar aos alunos do primário e secundário "em estreita colaboração com as equipes de professores das escolas, os pais e a Secretaria de Educação do município".[132] A agência municipal de turismo da cidade é um caso exemplar, pois a Comissão Social confiou o atendimento ao público e a sua gestão a um pequeno grupo de aposentados que trabalha voluntariamente. Além da economia para os cofres públicos, esta atividade dos jovens aposentados faz parte da política municipal de inserção social, mas igualmente de estratégias de reconversão que os aposentados constroem para fugir da rotina cotidiana: "uma atividade invisível que não é trabalho nem lazer, mas um imenso 'neovoluntarismo produtivo'", como assinalam Barthes, Clément e Drulhe (1988).

A municipalidade lança mão de outras estratégias para atrair seus habitantes à participação voluntária, apoiando financeiramente solicitações ou atividades que possam ser reapropriadas pelos atores implicados. Por exemplo, um grupo de jovens recebeu o apoio financeiro da prefeitura para uma viagem de estudos à Amazônia. A contrapartida seria que dedicassem um pouco de seu tempo às pessoas isoladas. O objetivo dessa solidariedade formal, como disse o prefeito, "era mostrar aos jovens o mundo das pessoas de idade e vice-versa". Surgiu, então, o Projeto Ato Verde, uma operação para promover as relações entre gerações.

As associações que desenvolvem atividades ligadas a certos objetos tecnológicos, como o clube de informática e a associação de cinema e audiovisual, são dirigidas e freqüentadas por pessoas de 60 anos e mais. Sua participação, extremamente dinâmica nestas estruturas associativas que são passarelas entre gerações, é totalmente apoiada pela municipalidade.

---

132 Carta de informação sobre as atividades da AFVB, 1998.

O Clube de Informática Minerva e a Sociedade de Cinema e Audiovisual de Verrières-Le-Buisson (SCAVB) contribuem duplamente para a preservação do vínculo social entre os moradores: os aposentados e os jovens iniciados transmitem seus conhecimentos e experiências àqueles que se iniciam no mundo da informática ou do audiovisual. Ou seja, jovens e sexagenários compartilham os mesmos interesses e paixões.

Tem-se apontado freqüentemente o pequeno interesse das pessoas de mais idade pelas tecnologias de informação e de comunicação, em geral associadas à juventude. Essas duas associações de Verrières contradizem essa imagem estereotipada das pessoas de mais idade, uma vez que não estão voltadas exclusivamente para as faixas de idade superiores e, contudo, a maioria de seus associados tem 60 anos e mais.

O clube de informática tem mais de 100 associados e é dirigido por uma profissional da informática ainda em atividade. Mas são os jovens aposentados que organizam grande parte das atividades, pois são os mais assíduos. Se o clube tem associados de todas as idades — vai de sete a 77 anos e mais ainda —, ele é freqüentado diariamente, sobretudo, pelos aposentados de nível médio e superior que querem se iniciar na informática ou que buscam aperfeiçoar o conhecimento através dos últimos programas lançados no mercado. "O interesse que tenho é como o daqueles que se interessam pela moda: é sempre o último programa lançado que acho o mais interessante", diz o sr. Alain, engenheiro aposentado há 10 anos.

A outra associação — Sociedade de Cinema e Audiovisual de Verrières-Le-Buisson (SCAVB) — tem somente 30 associados que são majoritariamente aposentados, inclusive o diretor. Cinéfilo, ele se ressente da ausência de um cinema na cidade e, por isso, a SCAVB propõe projeções de filmes e vídeos abertas ao público e sessões fechadas para os associados apresentarem seus vídeos de viagem ou de família. Os cursos de vídeo e fotografia[133] são exclusivos aos sócios. Além disso, eles oferecem cursos de formação de vídeo aos alunos do colégio municipal e organizam um salão de fotografia aberto a todos. Mas a grande atividade anual e orgulho de todos é a organização do festival nacional de vídeo amador: o Francilien. Ele implica um investimento participativo enorme dos aposentados que, sem remuneração, se dedicam integralmente à sua preparação e realização. O Francilien se transformou no grande evento da cidade, recebendo visitantes e espectadores de toda a França pois, paralelamente à projeção de filmes, acontece o Fórum do Vídeo no qual as indústrias expõem as últimas novidades em matéria de equipamento audiovisual. Assim, não é por acaso que estes jovens aposentados, tanto na SCAVB quanto no Clube de Informática Minerva, empregam o termo "trabalho" para designar suas atividades associativas. Para o sr. Armand, a informática "é um trabalho de tempo integral", que requer regularidade e a mesma perseverança que sua atividade profissional anterior. Já o sr. Michel, que exerce uma intensa atividade em vários campos, principalmente na ação humanitária em uma ONG, faz questão que "seja um instrumento de trabalho, e não somente como os 'viciados' da informática que fazem por fazer, mas que seja principalmente uma noção de trabalho, pois é o sentido profissionalizante que viemos buscar, uma solução".

Durante a pesquisa no Clube Minerva, o número de pessoas com 60 anos e mais que usavam os computadores era sempre elevado. A maioria do sexo masculino, eles são os pilares da associação tanto pela disponibilidade quanto pela curiosidade em relação ao instrumento e suas aplicações. Os usos que fazem da informática são múltiplos: um deles escreve um jornal da família. "Duas vezes ao ano, eu edito esse jornal para todos os descendentes do meu pai e da minha mãe (...). A genealogia está pronta e dou notícias de uns e outros. Faço isso com tratamento de texto e fotos."

---

[133] A SCAVB põe à disposição de seus associados os equipamentos de som e sua estrutura audiovisual: ilhas de edição VHS, SVHS, Hi8, projetor 16mm e vídeo, *headphones*, microfones etc.

Outros vêm para trocar experiências com os mais jovens e para ajudar, pois o Clube Minerva oferece cursos de informática, individuais e em grupo, para todas as idades, como é no caso de uma escola primária privada. "Uma vez por semana dou uma ajuda para as professoras. Tento ser útil, é uma maneira de compartilhar minhas coisas com eles. Também há trocas com os jovens e assim eles não ficam só entre eles e os mais velhos também não, há de fato interações", diz o sr. Gérard, jovem aposentado que trabalhou numa empresa de administração. Percebida como um quase-trabalho ou trabalho voluntário, a atividade associativa ligada às novas tecnologias procura preencher o tempo liberado pela aposentadoria, amortecendo essa passagem entre a produtividade e a não-produtividade, difícil de ser atravessada por alguns. Talvez seja esta a razão pela qual vários deles se dedicam integralmente à coordenação da associação que "toma muito tempo, pois quando fazemos voluntariado são sempre os mesmos que trabalham. 80% de tudo aqui é ocupação minha", diz o sr. Bernard.

Já assinalamos que as pessoas de mais idade se interessam principalmente pelos objetos técnicos que se inscrevem nas suas necessidades cotidianas ou que reforcem o vínculo social e familiar. Isto também vale para a informática, tecnologia que permite a integração ao mundo contemporâneo e, sobretudo, maior proximidade com as jovens gerações dos filhos e dos netos. Para muitos associados, o Clube Minerva é "uma forma de compartilhar" e o sr. André encontrou nesse novo campo de interesse uma forma de se relacionar com o genro, da área de informática, além de conservar seu lugar no seio da família. Para outros, a informática é, sem dúvida, o melhor meio para interagir com os filhos, pois, como diz o sr. Robert — aposentado, dois filhos muito jovens de uma união tardia —, "eles têm 13 e 15 anos e são ligadíssimos na informática".

Tanto no Clube Minerva quanto na SCAVB observamos que as pessoas de mais idade temem que a inatividade possa alterar sua capacidade de reflexão, por isso manifestam o desejo de manter e estimular sua agilidade intelectual. Assim, o sr. Jacques aderiu ao Clube Minerva logo que se aposentou, pois "eu dizia que, quando me aposentasse, viria aqui aprender novas coisas". Casado com uma mulher mais jovem e que ainda trabalha, ele acredita que esta atividade é uma forma de conservar sua capacidade intelectual e de não se distanciar da mulher. "É como tudo, há regras a respeitar e é uma prática intelectual." Mesma curiosidade, mesma vontade de aprender na SCAVB. Diz o sr. René:

> Nós temos, todos, qualquer coisa para aprender. Em matéria de fotografia, é inesgotável! Então, aqueles que pensavam que sabiam fazer uma foto de família ou das viagens de férias descobrem aqui no clube que podem fazer outras coisas com a câmera fotográfica: foto noturna, enquadramento perfeito da foto, fotografar objeto móvel, luz. Assim, cada um descobre sempre alguma coisa que nem imaginava.

É evidente que o nível sociocultural dos membros destas associações os predispõe a desenvolverem estes interesses. O conhecimento anterior destas tecnologias é menos decisivo do que o fato de terem tido uma vida profissional pautada na iniciativa, mobilizando as competências lógicas e intelectuais e aguçando a curiosidade. Assim, as pessoas de mais idade que usam a informática e/ou o vídeo, seja no âmbito das associações seja na vida privada, são indivíduos que apresentam disposições para isso. Por exemplo, o sr. Antoine, 73 anos, técnico aposentado, é apaixonado pelo desenho em suporte informático e decidiu fazer um curso de iniciação:

> na verdade, eu sou muito individualista. Quer dizer, todas as associações têm um interesse em transmitir um saber aos outros e a informática, no Minerva, procura transmitir o conhecimento sobre como funciona um computador. Eu queria mais do que isso, então preferi me equipar e fazer tudo sozinho.

Tendo cada vez mais dificuldade para se locomover, ele sai muito pouco e, por isso, se equipou de uma parafernália de instrumentos: dois aparelhos de vídeo, duas televisões, um aparelho de som e uma pequena ilha de edição de vídeo. Ele passa seus dias entre o desenho computadorizado e as gravações dos filmes transmitidos pela televisão, das músicas dos inúmeros CDs e velhos cassetes, para fazer montagens diversas com seu equipamento audiovisual. Ele se distrai invertendo as cenas, trocando as trilhas sonoras, editando filmes com cenas de vários outros etc. Mas, o "fato de que os indivíduos sejam 'individualizados' não significa que gostem de estar sós e que seu sonho seja a solidão"[134] e, nesse sentido, o sr. Antoine se comunica com o exterior através da internet, do qual é usuário freqüente, e utiliza o telefone sistematicamente para se comunicar com a filha e os netos.

Se o avançar da idade pode ser traduzido em acomodação ao espaço doméstico, em certo isolamento fruto da aposentadoria ou da viuvez, levando à diminuição das relações sociais, ele pode também significar uma abertura para o outro através das associações, dos clubes, das viagens. E para aqueles que preferem o confinamento doméstico, as atendentes sociais, a solidariedade familiar e vicinal e, também, as novas tecnologias da informação e da comunicação (TICs) os mantêm conectados com o mundo impedindo que a solidão se instale.

---

[134] Singly, 2003:21.

Considerações finais

Que lugar as novas tecnologias ocupam ou podem ocupar na existência das pessoas de idade? Os esclarecimentos obtidos tanto através dos relatos dos atores da cena gerontológica, quanto das análises dos observadores sociais (antropólogos, sociólogos, psicólogos etc.) se caracterizam por discursos muito específicos, marcados pelo lugar de quem fala e, por isso, também, contraditórios: uns acentuam a capacidade de adaptação das pessoas de mais idade às novas tecnologias e, conseqüentemente, uma autonomia crescente no seio da sociedade; outros chamam a atenção para a resistência e a rejeição das pessoas de mais idade aos objetos técnicos inovadores, assim como sua forte dependência material e psíquica.

Podemos estabelecer um paralelo entre as diversas percepções sobre as pessoas envelhecidas, apresentadas neste livro, e a produção de discursos ambivalentes sobre certas categorias sociais, como bem mostraram Grignon e Passeron (1985). Examinando as representações e os discursos relativos às práticas culturais das classes dominadas, os dois autores mostram que, de fato, eles realçam os modelos interpretativos do miserabilismo e do populismo. Esta mesma perspectiva é denunciada por Olivier de Sardan (1995) a respeito do discurso desenvolvimentista de Chambers, que valoriza tanto as capacidades de iniciativa dos "pobres do campo", entre os quais as mulheres e velhos estão incluídos, quanto ressalta sua posição de dominados ou relegados. Ou seja, qualquer que seja o quadro analítico, estes discursos, pelas representações estereotipadas que emanam e por sua ambivalência, testemunham a tendência para um destes dois pólos ilustrativos da dominação simbólica.

Da mesma maneira, as pessoas envelhecidas são designadas quer como deficientes, inadaptadas, decadentes e assim dignas de comiseração, quer celebradas porque são portadoras das virtudes da idade ou porque dotadas de recursos apesar dos efeitos de idade. Encontramos o axioma popular-miserabilista nas representações que certas instituições públicas ou privadas têm das pessoas de idade e elementos que estão presentes neste duplo discurso, proferido tanto em forma de oposição quanto em forma de alternância e complementaridade.

Assim, quando os atores da cena gerontológica valorizam as capacidades de adaptação ou, ao contrário, a dependência e a impotência das pessoas envelhecidas em face dos objetos tecnológicos, eles se inscrevem nesta leitura ideológica da velhice percebida como uma deficiência ou como uma vantagem, como negativa ou positiva. Entretanto, convém marcar uma diferença entre essas duas perspectivas.

Enquanto a atitude populista, freqüentemente paternalista, é mais representada por aqueles que concebem as pessoas de mais idade como consumidoras em potencial da oferta tecnológica, a atitude miserabilista se expressa sobretudo entre aqueles que intervêm no campo da ação gerontológica. Esta divisão é lógica quando reflete uma repartição em si mesma, sociologicamente coerente. De fato, os governantes, os responsáveis pela ação social, os agentes administrativos e os técnicos dos serviços sociais pontuam sua ação visando a camada da população envelhecida que julgam mais frágil, marginalizada, deficiente, miserável. Nestas condições, sua representação das pessoas envelhecidas se caracteriza pela ênfase do que Olivier de Sardan chamou de "estereótipos da privação": ela só pode existir pela sua vulnerabilidade, pela ameaça da degradação, do isolamento, da deficiência e da demência.

Inversamente, os responsáveis pelas empresas que comercializam bens ou serviços que visam especificamente esta clientela, formada por jovens aposentados com maior poder de compra, procuram seduzi-los, exaltando seu dinamismo e jovialidade. O discurso populista constitui, assim, o que poderíamos designar como uma retórica do marketing: celebra a adaptabilidade dos seniores-consumidores, seu interesse pelo novo e, principalmente, pelas novas tecnologias.

Em Verrières-Le-Buisson, a ação gerontológica está estreitamente vinculada às políticas sociais dos governos central e departamental e pouco inovou nesse campo, ainda que perceba a urgência de repensar sua política social e desenvolver dispositivos que respondam melhor às necessidades de sua população envelhecida que, na realidade, ela desconhece. Cabe, então, à população local criar mecanismos — as associações, por exemplo — que possibilitem estabelecer relações sociais interclasses e intergeracionais que promovam o vínculo social e o apoio aos mais necessitados, deixando aos poderes públicos a incumbência de fixar o nível de exigências dos serviços de suporte tecnológico.

Sigaut chama nossa atenção para um ponto que é freqüentemente descartado do discurso sobre a tecnologia: confrontados incessantemente aos objetos "tecnológicos" que consideram complexos, ocultamos o fato de que certas operações técnicas são menos complexas do que aquelas utilizadas pelas gerações mais velhas. Fazer funcionar um forno de microondas exige um conhecimento infinitamente menos elaborado do que o requerido para um fogão a lenha ou ferro a carvão. Assim, encontramos de um lado técnicas e tecnologias que só demandam do usuário uma competência limitada e, de outro, tecnologias que necessitam da mobilização de recursos técnicos desenvolvidos. Ora, as pessoas envelhecidas possuem estes recursos, pois elas foram levadas ao longo de sua existência a conhecer e utilizar técnicas/tecnologias que são, hoje, consideradas obsoletas. Acentuar a complexidade das tecnologias contemporâneas como fator de explicação para a não-utilização de algumas delas é, de fato, um grande erro de interpretação. Se não usam, é preciso buscar a explicação e não ceder à tentação de lhes imputar uma suposta "resistência".

O pesquisador cai muitas vezes nessa ambivalência dos discursos e das representações e produz enunciados que são, ao mesmo tempo, complementares e contraditórios e que conjugam tanto a análise do caráter dominante e discriminante da tecnologia quanto o cuidado em restituir às pessoas de idade uma parte de livre-arbítrio diante da oferta tecnológica. Ao longo desse trabalho, observamos os efeitos da dominação tecnológica no cotidiano das pessoas de idade, assim como suas iniciativas em face das tecnologias, procurando nos distanciar da dimensão ideológica dessas duas posturas.

Se, por um lado, a robotização do domicílio ainda não consta da ordem do dia para esta população classificada como "inativa" pelos agentes econômicos, por outro, as "novas tecnologias" sustentam um mercado turístico, alimentar, estético, medicinal, assim como um setor cultural que lhe é especificamente consagrado. Na França, como no Brasil, existe um setor da mídia voltado exclusivamente para esse grupo social, estimulando o seu consumo nas áreas assinaladas.[135] Esta população não é, entretanto, completamente hostil às novas técnicas, como afirmam certos autores. As análises sobre os efeitos das novas tecnologias nas pessoas envelhecidas mostram, na verdade, que elas operam um trabalho seletivo que leva a privilegiar os objetos técnicos que apresentam simplicidade de manipulação e que respondem às suas reais necessidades, descartando aqueles que não preenchem esses dois critérios.

Como mostramos, estas pessoas desenvolvem, antes de tudo, uma concepção utilitarista dos objetos técnicos, cuja apropriação está ligada a uma identificação de suas necessidades, seja de ordem estritamente prática (microondas para esquentar as refeições), seja de ordem social (a internet ou a secretária eletrônica para manter o vínculo social). Vimos, assim, que as pessoas entrevistadas, de todas as categorias so-

---

[135] Barthes et al., 1988.

ciais, estão cada vez mais familiarizadas com estas tecnologias e têm cada vez menos problemas em utilizá-las, mostrando uma certa curiosidade pelos novos aparelhos e suas funções. Se compararmos com os dados estatísticos de cinco anos atrás sobre a difusão dos objetos técnicos do mundo doméstico, constataremos que sua incorporação ao cotidiano das pessoas com mais de 60 anos aumentou muito, ainda que permaneça menor do que as das gerações mais jovens.

Enfim, consideramos que o estudo das novas tecnologias possibilita observar alguns aspectos da construção identitária, posto que esses objetos constituem, para as pessoas de mais idade, uma forma de se posicionar em relação à velhice e, principalmente, de preservar o vínculo social. Ele possibilita, igualmente, a percepção das diversas trajetórias de envelhecimento (desigualdade de recursos, de capacidade física, do estado de saúde) e das concepções diferentes da vida na aposentadoria, assim como o lugar que ocupam os novos equipamentos tecnológicos. Para uns, a aposentadoria representa uma reorientação da existência no mundo doméstico, momento de introspecção e pouco acessível às modificações da vida cotidiana; para outros, ela se traduz no investimento em novas atividades e descobertas que reforçam as relações com o mundo exterior e transformam hábitos e comportamentos.

[illegible]

Referências bibliográficas

AKRICH, Madeleine. Comment décrire les objets techniques. *Techniques et Culture*, Paris, n. 9, p. 48-64, 1987.

________. Comment sortir de la dichotomie technique/société. In: LATOUR, Bruno; LEMONNIER, Pierre (Dirs.). *De la préhistoire aux missiles balistiques. L'intelligence sociale des techniques*. Paris: La Découverte, 1994. p. 105-131.

________; MÉADEL, Cécile. La représentation des risques urbains: les technologies de surveillance comme outil d'analyse. In: ANSIDEI, Michèle; FLEURY, Dominique; MUNIER, Bertrand (Dirs.). *Les risques urbains, acteurs, systèmes de prévention*. Paris: Anthropos, 1998. p. 33-46.

ALIAGA, C.; NEISS, M. La prise em charge des personnes âgées: maintien à domicile ou hébergement collectif. In: INSEE. *Données sociales*. 1999. p. 256-263

ATTIAS-DONFUT, Claudine. *Générations et âges de la vie*. Paris: PUF, 1991. (Col. Que sais-je?).

________. Générations et repères culturels. *Loisir et Société*, Paris, v. 2, n. 15, p. 419-435, 1992.

________. La médiation des femmes et le sexe de la technologie. *Retraite & Société*, Paris, n. 27, p. 4-7, 1999.

________. Sexo e envelhecimento. In: PEIXOTO, Clarice Ehlers (Org.). *Família e envelhecimento*. Rio de Janeiro: FGV, 2004. p. 85-108. (Série Família, Geração e Cultura).

BARROS, Myriam Lins de; GOLDMAN, Sara. Bate-papo intergeracional na internet. *Cadernos Pagu*, n. 13, p. 38-62, 1999.

BARTHES, Jean-François; CLEMENT, Serge; DRULHE, Marcel. Vieillesse ou vieillissement? Les processus d'organisation des modes de vie chez les personnes âgées. *Les Cahiers de la Recherche sur le Travail Social*, n. 15, p. 11-31, 1988.

BEILLAN, Veronique. Innovation technologique et pratiques domestiques: analyse d'une expérience domotique. *Sociétés Contemporaines*, n. 17, 1994.

BLANC, H. Les personnes âgées et la publicité. *Gérontologie et Société*, n. 76, p. 58-66, 1996.

BOZON, Michel. *Vie quotidienne et rapports sociaux dans une petite ville de province*: la mise en scène des différences. Lyon: PUL, 1984.

BRAUN, Ingo; JOERGES, Bernward. Techniques du quotidien et macrosystèmes techniques. In: GRAS, Alain; JOERGES, Bernward; SCARDIGLI, Victor. *Sociologie des techniques de la vie quotidienne*. Paris: L'Harmattan, 1992.

BRETON, Philippe. Les personnes âgées dans le discours de promotion des nouvelles technologies: une exclusion constitutive? *Prévenir*, Paris, n. 35, p. 49-54, 1998.

CARADEC, Vincent. Les transitions biographiques, étapes du vieillissement. *Prévenir*, n. 35, p. 131-137, 1998.

________. Usages de technologies et vieillissement: une grille de lecture identitaire et familiale. Evolutions technologiques, dynamique des âges et vieillissement de la population. *Rencontres et Recherches*, p. 36-46, 1999.

________. O que os objetos tecnológicos dizem sobre as relações familiares. In: PEIXOTO, Clarice E.; SINGLY, François de; CICCHELLI, Vincenzo. *Família e individualização*. Rio de Janeiro, FGV, 2000. p. 79-93.

________. *Sociologie de la vieillesse et du vieillissement*. Paris: Nathan, 2001. (Collection 128).

CHAMBERS, Robert. *Développement rural*: la pauvreté cachée. Paris: Karthala, 1990.

CHAN, Marie; BOCQUET, Hélène; ESTEVE, Daniel; POUS, J. Intelligence artificielle et assistance aux personnes âgées. *Gérontologie et Société*, 1995.

CHAUVIERE, Michel. Les mouvements familiaux. In: SINGLY, François de. *La famille, l'état des savoirs*. Paris: La Découverte, 1991. p. 288-293.

CHEVRIER, Stéphane. Métros légers et personnes âgées: les trois figures de la personne âgée. *Retraite & Société*, n. 26, p. 41-50, 1999.

CHOKRANE, Bertrand; HATCHUEL, Georges. La dynamique sociale des *sêniors*. *Consommation et Mode de Vie*, n. 135, 1999.

CLAVAIROLLE, Françoise; PEIXOTO, Clarice E. Politique sociale de la vieillesse dans une municipalité de l'Essonne et développement technologique. *Cahiers de la Drees*, n. 10, p. 11-13, 2002.

CLEMENT, Serge. L'offre technique dans le travail de définition de la vieillesse. *Retraite & Société*, Paris, n. 27, p. 9-19, 1999.

COHEN, Yves; TARNERO, Jacques. Introduction. *Alliage*, n. 20/21, p. 9-14, 1994.

CONTE, Michèle. *Téléalarme aujourd'hui, télé-contact demain.* CTNERHI, 1988.

CRESSWELL, R. *Prométhée ou Pandore?* Propos de technologie culturelle. Paris: Kimé, 1996.

CRIBIER, Françoise. La migration de retraite des parisiens: une analyse de la propension au départ. *Population*, v. 3, p. 677-716, 1992.

DEBERT, Guita G. A invenção da terceira idade e a rearticulação de formas de consumo e demandas políticas. *Revista Brasileira de Ciências Sociais*, v. 12, n. 34, p. 39-56, 1997.

DEFORGE, Yves. *L'oeuvre et le produit.* Paris: Champ Vallon, 1990.

DEREZE, Gérard. Eléments pour une ethno-sociologie des objets domestico-médiatiques. *Recherches Sociologiques*, n. 3, p. 307-321, 1990.

ELLUL, Jacques. *Le système technicien.* Paris: Calmann-Lévy, 1977.

FARDEAU, M. Marché et vieillissement: une approche économique. *Gérontologie et Société*, Paris, n. 76, p. 6-13, 1996.

FAUCHER, Daniel. *Mélanges géographiques offerts en hommage à M. Daniel Faucher.* Toulouse: Privat, 1948. v. 1.

FLICHY, Patrice. *L'innovation technique.* Paris: La Découverte, 1995.

GAUTIER, M.; GAUTIER, C. Verrières-Le-Buisson, son histoire, son église. *L'Historique de Verrières*, 1988.

GRAS, Alain; JOERGES, Bernward, SCARDIGLI, Victor (Dirs.). *Sociologie des techniques de la vie quotidienne.* Paris: L'Harmattan, 1992.

GRIGNON, Claude; PASSERON, Jean-Claude. A propos des cultures populaires. *Cahiers du Cercom*, n. 1, 1985.

GUCHER, Catherine. *L'action gérontologique municipale*: une entreprise de définition de la vieillesse et de ses pratiques. Paris: L'Harmattan, 1998a.

________. Lorsque les communes donnent forme aux modes de vie des retraités et personnes âgées. *Prévenir*, n. 35, p. 23-31, 1998b.

GUILLEMARD, Anne-Marie. *La politique d'intégration de la vieillesse.* Thèse (Doctorat) — EHESS, Paris, 1976.

________. Politiques d'emploi, politiques sociales, quelles constructions du vieillissement? *Prévenir*, n. 35, p. 71-77, 1998a.

________. Le cas de la politique française de la vieillesse. *Les Cahiers de la Recherche sur le Travail Social*, n. 15, p. 120-137, 1988b.

HAICAULT, Monique. Les jeunes retraités, une génération intervalle dans le temps et l'espace urbain. *Prévenir*, n. 35, p. 123-137, 1998.

HUGHES, Thomas P. *Network of power.* Electrification in Western society: 1880-1930. Baltimore: The Johns Hopkins University Press, 1983.

IMAGES DU PATRIMOINE. *Canton de Bièvres, Essone*: inventaire général. Spadem, 1990.

JACQUEMIN, Jéan-Marie. *Verrières vers hier.* Retrospective par la carte postale. L'Historique de Verrières, 1991.

JOIN-LAMBERT, Marie-Thérèse et al. *Politiques sociales.* Paris: Presses de Sciences Po et Dalloz, 1997.

KAUFMANN, Jean-Claude. Les mondes de la vaisselle. *Autrement*, n. 3, p. 32-45,1992.

________. Savoir familial et nouvelles technologies. *Gérontologie et Société*, n. 75, p. 127-129, 1995.

KERJOSSE, Roselyne. Bilan démographique 1997. *Insee Première*, n. 566, 1998.

LALIVE D'EPINAY, Christian; VASCOTO, Barbara; VOLLENWYDER, Nathalie. La dynamique des réseaux d'aide et d'entraide dans la grande vieillesse. *Prévenir*, n. 35, p. 139-147, 1998.

LAROQUE, P. *Rapport Laroque.* Comission D'Étude des Problèmes de la Vieillesse. Paris: Documentation Française, 1962.

LASFARGUE, Yves. Technologies nouvelles, nouveaux exclus? *Futuribles*, Paris, n. 136, p. 3-13, 1989.

LENOIR, Remi. *Transformations des rapports entre générations et apparition du troisième âge.* Thèse (Doctorate) — EHESS, Paris, 1977. v. 1.

LULL, James. *Inside family viewing*. London: Routledge, 1990.

MALLEIN, Philippe; TOUSSAINT, Yves. L'intégration des techniques d'information et de communication dans les modes de vie. Le cas du magnétoscope et de Télétel 3V. *Culture Technique*, n. 17, p. 213-219, 1987.

MAYEUR, Jean-Marie. *Catholicisme social et démocratie chrétienne:* principes romains, expériences françaises. Paris: Cerf, 1986.

MENDRAS, Henri; FORSE, M. *Le changement social*. Paris: Armand Colin, 1983.

MERCIER, Pierre-Alain. Nouvelles technologies de l'information: nature et conditions de l'impact culturel. *Culture Technique*, n. 17, p. 220-224, 1987.

________; PLASSARD, Françoise; SCARDIGLI, Victor. *La société digitale*: les nouvelles technologies du futur quotidien. Paris: Seuil, 1984.

ÖSTLUND, Britt. Profil des utilisateurs des technologies de l'information et de la communication chez les personnes âgées en Suède. *Retraite & Société*, n. 2, p. 55-73, 1999.

PAILLAT, Paul. Les pratiques culturelles des personnes âgées. *La Documentation Française*, 1993.

________. Devant la technique, fascination et réserve. *Gérontologie et Société*, n. 75, 1995.

PALIER, Bruno. *La réforme des retraites*: travailler plus? Paris: PUF, 2003. (Col. Que sais-je?).

PASQUIER, Dominique. Vingt ans de recherches sur la télévision: une sociologie post-lazarsfeldienne. *Sociologie du Travail*, n. 1, p. 63-84, 1994.

PEIXOTO, Clarice E. Histórias de mulheres de mais de 60 anos. *Estudos Feministas*, v. 5, n. 1, p. 148-158, 1997.

________. *Envelhecimento e imagem*: as fronteiras entre Paris e Rio de Janeiro. São Paulo, Annablume, 2000a.

________. Avós e netos na França e no Brasil: a individualização das transmissões afetivas e materiais. In: PEIXOTO, Clarice E.; SINGLY, François de; CICCHELLI, Vincenzo. *Família e individualização*. Rio de Janeiro: FGV, 2000b. p. 95-111.

________. Aposentadoria, retorno ao trabalho e solidariedade familiar. In: ________ (Org.). *Família e envelhecimento*. Rio de Janeiro: FGV, 2004. (Série Família, Geração e Cultura).

PERRIAULT, Jacques. *La logique de l'usage*: essai sur les machines à communiquer. Paris: Flammarion, 1989.

PERRIN, Jacques. *Comment naissent les techniques*: la production sociale des techniques. Paris: Publisud, 1988.

POCHET, Pascal. *Les personnes âgées*. Paris: La Découverte, 1997. (Col. Repères).

SALOMON, Jean-Jacques. *Le destin technologique*. Paris: Balland, 1992.

SARDAN, Jean-Pierre Olivier de. *Anthropologie et développement*. Paris: Apad/Karthala, 1995.

SCARDIGLI, Victor. Technologies du quotidien et culture de consommation. *Culture Technique*, n. 17, p. 202-205, 1987.

SCHWACH, Victor. L'integration des objets techniques dans la vie quotidienne. In: GRAS, Alain; JOERGES, Bernward; SCARDIGLI, Victor (Dirs.). *Sociologie des techniques de la vie quotidienne*. Paris: L'Harmattan, 1992. p. 103-108.

SINGLY, François de. *Les uns avec les autres*. Paris: Armand Colin, 2003.

THERY, Henry. Les activités d'utilité sociale des retraités et des personnes âgées. *Gérontologie et Société*, n. 66, p. 166-171, 1993.

TIBON-CORNILLOT, Michel. D'une origine biologique des techniques. *Alliage*, n. 20/21, p. 130-141, 1994.

TREBUCHET, G.; GAUTIER, C. Images et mémoire de Verrières-Le-Buisson. *L'Historique de Verrières*, 1992.

TREGUER, Jean-Paul. Les 'sêniors': un marché de 700 milliards de francs à conquérir. *Gérontologie et Société*, n. 71, p. 198-215, 1994.

________. *Le senior marketing*: vendre et communiquer avec succès au marché des plus de 50 ans. Paris: Dunod, 1998.

VEYSSET-PUIJALON, Bernadette; BOUQUET, B. Evolution de la coordination de l'action sociale vieillesse. *Les Cahiers*, n. 5, 1995. (Numéro special La coordination gérontologique: démarche d'hier, enjeux pour demain).

VINCK, Dominique. Innover, c'est aussi parier sur la société. *Sociologia Internationalis*, n. 2, p. 177-189, 1990.

VOLATIER, Jean-Luc. Consommation des personnes âgées et nouvelles technologies. *Gérontologie et Société*, n. 75, p. 53-63, 1995.